W0394022

Dr. Ernst Häckel · Wir werden leben auch wenn wir sterben

Ernst Häckel

WIR WERDEN LEBEN

AUCH WENN WIR STERBEN

Turm Verlag 7120 Bietigheim

ISBN 3 7999 0183 3
Alle Rechte vorbehalten
© 1978 Turm Verlag Bietigheim
Gesamtherstellung H. Mühlberger, Augsburg

Inhalt

Vorwort 7

Einleitung 9

I. Teil: Die Geistnatur des Menschen 13
1. Die Drei-Einheit des menschlichen Wesens, Körper – Seele – Geist 13
2. Die Frage nach dem Tod – Vom Diesseits- und Jenseitsbewußtsein – Große Denker bekennen sich zur Unsterblichkeit 16
3. Macht und Eigenart der Geistseele – Phänomene, die sie beweisen 21
4. Die Telepathie und ihre Varianten 22
5. Das Hellsehen und seine Varianten 37
6. Der Seelenleib – Sein Austreten aus dem Körper – Doppelgänger – Bilokation 52
7. Psychokinese, Telekinese – Die Kraft »Psi« 62

II. Teil: An der Schwelle 67
8. Leben – Sterben – Tod 67
9. Wissenschaftliche Beobachtungen und Erfahrungen bei Sterbenden 70
10. Erfahrungen von Klinisch-Toten. – Haben sie die Schwelle überschritten? Hatten sie wirkliche Jenseitserlebnisse? 79

III. Teil: Verstorbene melden sich wieder 89
11. Verstorbene werden verspürt oder telepathisch erlebt 89
12. Verstorbene lösen Absprachen ein 94

13. Verstorbene intervenieren oder helfen 102
14. Verstorbene erscheinen unter dem Zwang uneingelöster Versprechen 112
15. Verstorbene werden durch ungelöste Rechtsangelegenheiten oder ungesühnte Verbrechen zum Erscheinen veranlaßt 116
16. Die Geisterehe 122
17. Verstorbene im Läuterungsprozeß (»Arme Seelen«) . 125

IV. Teil: Der Spuk und seine Phänomene 136
18. Formen des Spuks – Der personengebundene Spuk . . 137
19. Der ortsgebundene Spuk 143
20. Eine Schlußbetrachtung zum Spuk 157

V. Teil: Medien und ihre Kontakte mit dem Jenseits . . 161
21. Was ist ein Medium? – Die Anfänge des Spiritismus. Aus Gegnern werden Anhänger des Spiritismus und Mediumismus 161
22. Verschiedene Arten von Medien 164
23. Die Geistheilung (GH) 171
24. Der Fall Zé Arigó – Dr. med. Fritz 179
25. Der Fall G. Chapman – Dr. med. Lang 184
26. Rosemary Brown empfängt Musik aus dem Jenseits . 188
27. Das Schreib- und Zeichenmedium Matthew Manning 193
28. Hella Zahrada empfängt Verse und Prosa 198
29. Dr. med. Karl Nowotny lehrt aus dem Jenseits 204
30. Schlußbetrachtung 210

Abkürzungen – Anmerkungen und Literatur 215

VORWORT

Die Frage, ob es ein Weiterleben nach dem Tode gibt, ja, ob der Mensch sein physisches Ende als seiner selbst bewußtes Individuum überlebt, hat man mit Recht als Kardinalfrage der Menschheit bezeichnet, jedenfalls als eine Frage, die ausnahmslos alle Menschen betrifft und jeden einzelnen auch interessieren sollte. Immer wieder haben sich Gelehrte verschiedener wissenschaftlicher Richtungen damit befaßt, am eingehendsten in Deutschland vor dem Zweiten Weltkrieg der Privatdozent Emil Mattiesen in seinem Werk »Das persönliche Überleben des Todes«[1]. Seither sind in aller Welt Bücher des gleichen Themas geschrieben worden, manche mit einem Fragezeichen im Titel, um damit vorsichtig anzudeuten, daß man es dem Leser überlassen möchte, die Frage am Ende selbst zu bejahen, oder auch nicht.

Ich habe es vorgezogen, meinem Buch als Titel eine positive Aussage zu geben, weil ich auf Grund meiner Erfahrungen und Erkenntnisse überzeugt bin, daß des Menschen Existenz mit seinem Tode unmöglich zu Ende sein kann, zumal wir unserer ganzen Natur nach nicht nur physische, sondern auch geistige Wesen sind und daher zwar physisch, aber nicht geistig sterben können.

Das Buch gründet sich nicht auf theologische oder philosophische Anschauungen, sondern vorwiegend auf parapsychologische Erkenntnisse und Schlußfolgerungen. Im I. Teil gehe ich daher vom Erfahrungsbereich dieser Wissenschaft aus. Dazu bringe ich viele Beispiele aus dem Leben, die die Überlebensfähigkeit des Menschen zwar an sich nicht zu beweisen scheinen, trotzallem aber dem aufmerksamen Leser den Eindruck vermitteln können, daß es sich hierbei um Phänomene handelt, die die geistige Sonderstellung des Menschen deutlich machen.

Von da her führt die Betrachtung über Sterbe- und Scheintoderlebnisse an die Schwelle des Diesseits und schließlich zu den mannigfachen nachtodlichen Manifestationen, die man gewiß nur dann als nicht beweiskräftig ansehen wird, wenn man an das Überleben nicht glaubt und der Vorstellung vom Hereinwirken jenseitiger Mächte und Wesenheiten von vornherein ablehnend oder skeptisch gegenübersteht.
Abschließend befassen sich zwei weitere Teile noch mit Spuk und Medien; denn auch diese Erfahrungsbereiche können aus unserer Betrachtung nicht ausgeklammert werden. Mir ist bewußt, daß in diesen Abschnitten nur bescheidene Einblicke in an sich sehr bedeutende Grenzbereiche gegeben werden. Doch die notwendige Stoffbeschränkung zwingt mich auch hier zu einer Auslese: Ich hoffe aber, daß sie groß genug ist, auch hier die über den Tod hinaus wirkende Geistnatur des Menschen zu beweisen.
Bei all dem liegt mir nichts ferner als der Glaube, mit diesem Buch alle Zweifler überzeugen zu können. Ich lege es dennoch vertrauensvoll dem Leser in die Hand. Es ist für alle gedacht und für alle bestimmt, nicht zuletzt für diejenigen, die den letzten und ewigen Dingen gegenüber unsicher oder gleichgültig geworden sind. Vielleicht vermag es auch sie zum Nachdenken anzuregen.
Die angeführten Fallbeispiele sind zum Teil der einschlägigen parapsychologischen Literatur, zum Teil anderen Werken und meiner eigenen Sammlung entnommen. Ich gedenke an dieser Stelle dankbar all jener Autoren, die sich schon vor mir als Sammler von Beweisen betätigt haben oder mir als Quellen dienten. Nicht zuletzt aber danke ich meinen Lesern, die mein Buch mit Wohlwollen und Verständnis aufnehmen und daraus – hoffentlich – auch Nutzen ziehen für sich und andere.

Pfingsten 1978 | Der Verfasser

In allen bestehenden Kulturen hat sich die Überzeugung durchgesetzt, daß wir in der Substanz Geistwesen sind, bei denen der Geist den Körper beherrscht. J. B. Rhine[2]

EINLEITUNG

Der einseitige Rationalismus unserer Zeit, die vielzitierte »Verwissenschaftlichung des Geistes« und eine zunehmende materialistische Grundhaltung haben den Menschen, vor allem den intellektuellen Menschen, mehr und mehr der Natur entfremdet, ihn seelisch und geistig ausgetrocknet und dem Wahn ausgesetzt, das Irrationale, das Übersinnliche, also das nicht mit Sinnen Faßbare und nicht vernunftmäßig Erklärbare, sei ein Wahn- und Zerrbild der Wirklichkeit. Die Welt von heute ist eine sehr nüchtern gewordene Welt der Technik und der Naturwissenschaften, die vornehmlich das Berechenbare, das Wäg- und Meßbare hochhält und darüber den Glauben an die unsichtbaren und darum nicht minder gegenwärtigen Kräfte einer Welt in und über uns verloren hat. Der Mensch aber, der nur noch diesseitig ist, wird in seinem Wesen ärmer, denn er wird von der Quelle, die das Leben speist, von der übersinnlichen Welt des Geistes abgeschnitten.

Die Thematik, mit der sich dieses Buch befaßt, wird am ehesten verstanden, wenn wir sie in kleinen Abschnitten betrachten und erarbeiten. Ehe wir also die Frage des Todes anschneiden, wollen wir uns mit dem Leben und der Frage nach der Natur des Menschen auseinandersetzen. Dies tun wir am besten, indem wir uns im folgenden der Parapsychologie, der neuen Wissenschaft vom Menschen[3], anvertrauen. Sie wird uns folgerichtig von bekannten Tatbeständen zu neuen Erkenntnissen führen und uns vor allem anhand vieler Beispiele die Rätsel des Außer- und Übersinnlichen deutlich machen. Ganz im Sinne der Worte des Schweizer Parapsychologen Theo Locher: »Die Parapsychologie ist die Wissenschaft, die wie kaum eine andere unser Weltbild erweitern und den Menschen zu einer Verinnerlichung führen kann.«[4]

Entscheidend ist, daß die Parapsychologie mit einer Reihe von Vorurteilen hinsichtlich der Natur des Menschen aufräumt. Kaum hundert Jahre alt, hat sie in den meisten Kulturstaaten erstaunlich an Boden gewonnen. Von der Psychologie, die eigentlich eine wissenschaftliche »Seelenkunde« sein soll, unterscheidet sie sich dadurch, daß sie in erster Linie eine Lehre von den Kräften des Geistes und der Seele ist, die sich nicht auf Bekanntes zurückführen lassen. Wie die griechische Vorsilbe para (= neben, über hinaus) anzeigt, handelt es sich hierbei um Erscheinungen und Vorgänge, die – ehemals als »okkult« bezeichnet – über das Normale hinaus wirken. Darum sprechen wir auch von paranormalen (übernormalen) Erscheinungen des Lebens und verstehen darunter Phänomene, die sich mit unseren Kenntnissen vom Normalen in der Natur nicht vereinbaren lassen. Möglich, daß diese übernormalen Erscheinungen für den Menschen einmal normal sein werden, wenn er neue Einblicke in die Natur gewonnen hat.

Ein wesentliches Merkmal der Parapsychologie beruht darauf, daß die von ihr erforschten Phänomene überkommene Vorstellungen der Psychologie widerlegt haben. Das Wort Psyche, hinter dem sich in der praktischen Psychologie heute zumeist die materialistische Vorstellung verbirgt, daß Seelisches nur oder vorwiegend als Produkt körperlicher Prozesse und das Geistige nur als Ergebnis physikalischer und chemischer Prozesse im Gehirn zu betrachten ist, hat die Parapsychologie wieder durch die Begriffe Seele und Geist ersetzt. Beide in ihrer vom Körper zwar nicht unabhängigen, aber über den Körper hinausgreifenden Wirksamkeit zu erkennen und außerdem ihre Wechselbeziehung zu offenbar wirksamen jenseitigen Kräften wie nicht minder auch deren Hereinwirken in unsere irdische Welt zu erforschen, ist die unverzichtbare Aufgabe der neuen Wissenschaft. Hierbei hat sich zwangsläufig das Arbeitsgebiet der Parapsychologie auch auf andere wissenschaftliche Disziplinen ausgedehnt, so daß man heute nach einem Vorschlag von Prof. Dr. Dr. Andreas Resch[5], Innsbruck, bereits von einer Paranormologie spricht, also einer alles Para- oder Übernormale umfassende Wissenschaft, die außer der Parapsychologie auch die Paraphysik, die Parabiologie, die Paramedizin und alle spiritualistischen, d. h. jenseitig-geistigen Erscheinungen und Probleme, wie etwa auch das Weiterleben nach dem Tode, umfaßt. Aus Gründen besseren Allgemeinverständnisses soll jedoch in diesem Buch das nun einmal bekannte Wort Parapsychologie weiterverwendet werden.

Eines sei hier noch bemerkt, um spätere Unklarheiten zu vermeiden. Es gibt in der Parapsychologie zwei Richtungen, die sich in wesentlichen Punkten unterscheiden, aber sehr wohl nebeneinander bestehen und natürlich auch miteinander arbeiten können: 1. die *animistische* Richtung (so genannt nach dem lateinischen anima = Seele, Bewußtsein), die alle paranormalen Erscheinungen, von denen im folgenden noch die Rede sein wird, ausschließlich auf psychische Kräfte lebender Menschen zurückführt, und 2. die *spiritualistische* Richtung, die die animistische Erklärung nur dort akzeptiert, wo sie sich als brauchbare Lösung zwanglos und natürlich anbietet, im übrigen aber eine Reihe von Phänomenen mit dem Hereinwirken geistiger Kräfte oder Wesenheiten aus einer unseren Sinnen nicht zugänglichen Welt erklärt. Wir wollen uns konsequent den Standpunkt des »Sowohl – als auch«, wie er auch von anderen Forschern vertreten wird, zu eigen machen, d. h. das Unbewußt-

Seelische nicht übermäßig strapazieren, wo sich eine plausible spiritualistische Erklärung anbietet.
Dr. Herbert Fritsche sagt hierzu sinngemäß: »Die Spiritisten (wir sagen ›Spiritualisten‹, d. Verf.) haben insofern das größere, weitere und wirklichkeitsgerechtere Weltbild, als sie selbstverständlich auch die zahlreichen animistisch zu deutenden Phänomene als solche anerkennen, aber darüber hinaus noch jene Phänomene, deren Agent (d. i. die verursachende Kraft oder Person) ein Entkörperter, ein sogenannter Toter ist.«[6]

I. TEIL

Die Geistnatur des Menschen

1. KAPITEL

Die Drei-Einheit des menschlichen Wesens: Körper – Seele – Geist

Der Rationalismus betrachtet den Menschen ausschließlich als ein der Materie verhaftetes irdisches Wesen, dessen Körper – ein Zellenstaat – aus Materie besteht und mit dem Erlöschen der Organfunktionen stirbt, was auch den Tod des Individuums, das Erlöschen seiner psychischen Funktionen, zur Folge hat: eine für den Materialisten durchaus folgerichtige Auffassung, da er ja unter Psyche auch nur die Gesamtheit leibbedingter und leibabhängiger Prozesse versteht und an die Existenz einer dem Menschen mitgegebenen Geistseele nicht glaubt. Die *Seele* ist aber das dem Körper verliehene Lebensprinzip an sich, die den Körper aufbauende und erhaltende Vitalkraft schlechthin, ohne die er gar nicht bestehen könnte und ohne die ja auch sein materieller Körper sofort zu leben aufhörte. Erst die Beseelung macht ihn zum Menschen. »Die Seele bildet«, wie der Mystiker Carl *Welkisch* in seinem Buch »Der Mensch zwischen Geist und Welt« ausführt, »die Mitte des menschlichen Wesens und ist die Mittlerin zwischen dem Geist und dem Körper, zwischen Innenwelt und Außenwelt, an denen beiden sie Anteil hat«[7]. Und Dr. med. Karl *Nowotny* nennt sie in seinen Medialen Schriften »die für den irdischen Menschen am höchsten entwickelte, die reifste und damit wirkungsfähigste von allen Kräften, die in den irdischen Dingen wohnen«[8].

Nach uralter Erfahrung hat sie die Gestalt des physischen Körpers, mit dem sie sich von Anfang an mitentwickelt und mit dem sie in ständigem Kräfte- und Strahlungsaustausch eng verbunden bleibt. Trotzdem behält sie eine gewisse Selbständigkeit und kann sich als feinstofflicher Seelenleib – auch Astral-, Fluidal- oder Energiekörper genannt – gelegentlich im Schlaf oder nach Unfällen im Koma vom Körper trennen und sich nachher wieder mit ihm vereinigen. Eine völlige Loslösung vom Körper tritt erst im Tode ein.

Der Mensch besteht aber nicht nur aus Körper und Seele, denn er ist eine Drei-Einheit, bestehend aus Körper, Seele und Geist. Was ist nun aber der *Geist* in dieser Drei-Einheit Mensch? Darüber gibt es unter den Gelehrten keine einheitliche Vorstellung. Auch Alois Wiesinger sagt in seinem Werk »Okkulte Phänomene im Lichte der Theologie«: »In der Philosophie existiert kaum ein Begriff, der weniger geklärt wäre als der des Geistes.« Nach christlich-religiöser Auffassung ist der Geist eine körperlose, denkende, urteilende, handlungsfähige Wesenheit. Den Individualgeist des einzelnen nennt C. Welkisch den innersten unsterblichen Wesenskern des Menschen; er ist das unverwechselbare »Ich«, das uns von Gott geschenkt ist, die Urzelle unseres kontinuierlichen Bewußtseins.

Er wird, wie Nowotny erklärt, »nach göttlichen Gesetzen in den entstehenden Körper inkarniert«. Er lebt und webt in allen Organen, nicht allein im Gehirn, wie man fälschlich annimmt. Er wirkt aber nicht direkt in den Teilen des Körpers, sondern nur über die Seele, in die er gleichsam eingebettet ist.

Über das Verhältnis Geist-Körper und Geist-Seele sagt Welkisch noch: »Der individuelle Geist und der Körper sind Gegensätze, von deren Spannweite kein menschliches Vorstellungsvermögen sich auch nur annähernd einen richtigen Begriff machen kann. – Der Geist durch und durch Leben, der Körper, für sich allein genommen, durch und durch Tod (d. h. für sich allein zum Sterben verurteilt). Die Gegensätzlichkeiten zwischen ihnen ist so groß, daß eine unmittelbare Einwirkung des Geistes auf den Körper gar nicht möglich ist, ohne den Körper in seinem Bestand zu gefährden. Darum steht zwischen diesen beiden äußersten Gegensätzen als vermittelndes Bindeglied die *Seele*.«

Damit wird uns die bedeutsame Rolle der Seele im Leben des einzelnen bestätigt. Wir verstehen daher, wie widersinnig es wäre, den Menschen als ausschließlich körperliches Wesen anzusehen. Dem Menschen wohnt in seinem Wesenskern »Ich« eine lebensteuernde Geistes- und Willenskraft inne. Daß wir diese Ich-Kraft nicht sehen oder lokalisieren können, spricht nicht gegen ihre Existenz, wir können ja vieles im Walten der Natur nicht sehen, was dennoch ist und von uns allen als existent anerkannt wird. All diese Betrachtungen lassen den Schluß zu, daß der Mensch seiner ganzen Natur und Bestimmung nach ein äußerst komplexes Wesen ist, im Grunde genommen, immer noch das »unbekannte Wesen«, wie ihn Alexis Carrel genannt hat, und keinem anderen vergleichbar. Darum fällt er aus der gesamten Schöpfung heraus, und seine Geistigkeit weist auf den Ursprung in Gott als der geistigen Quelle alles Lebens hin.

Damit führt uns der Weg zu einer religiösen Grundanschauung, die sich wahrscheinlich jedem Betrachter aufdrängt, der die vom Geist bewegten intelligent durchdachten und immer auf ganz bestimmte Ziele hin gerichteten Lebensprozesse auf Erden und im ganzen Kosmos überdenkt und schließlich Herkunft, Ziel und Vollendung des Menschen hier und nach dem Tode miteinbezieht. Manch einer mag sich dessen nicht bewußt sein, aber wenn er sich im Erahnen oder gar im Erkennen einer ihm übergeordneten geistigen Macht rückverbunden fühlt zu seinem Schöpfer, dann ist in ihm ein Wissen um seine Geistnatur, um sein Eingebettetsein in den ewigen geistigen Werdeprozeß und um die Tatsache des Weiterlebens nach dem Tode erwacht, ein Wissen, das in der Tat als »der Angelpunkt aller Religiosität« erscheint.

2. KAPITEL

Die Frage nach dem Tod – Vom Diesseits- und Jenseitsbewußtsein – Große Denker bekennen sich zur Unsterblichkeit

Die Frage nach dem Tod und was dahinter kommt, tritt erbarmungslos einmal an uns alle heran, sosehr wir uns innerlich auch dagegen sträuben mögen, und sicherlich sogar an jene, die an ein persönliches Weiterleben überhaupt nicht glauben wollen und im Tod nichts als ein unvermeidliches Ende sehen, ein sinnloses Aufhören ohne Fortsetzung, und die da meinen, aus weltanschaulichen Gründen in einer solchen Vorstellung hart und konsequent bleiben zu müssen.

Doch all dies nützt nichts, immer wieder tauchen Gedanken auf, die um das letzte Geschehen kreisen und die sich nicht verscheuchen lassen. Gedanken um das Wie und Warum des Sterbens und schließlich doch auch um die nicht zu bannende Frage, ob mit dem Tod auch wirklich alles zu Ende ist oder ob nicht doch vielleicht die Vorstellung vom Weiterleben nach dem Hinscheiden richtig ist, oder ob es nur einfach so gesagt wird, um den Menschen die Angst zu nehmen, sie und die Angehörigen zu trösten –: Fragen über Fragen, die täglich von Abertausenden gestellt werden, die von Ungewißheit und Zweifel erfüllt sind. Fragen, die nur der Aufgeklärte, der zuversichtlichgläubige Mensch nicht stellt, weil sie ihm längst beantwortet wurden oder weil er sie in der Gewißheit des Kommenden gar nicht gestellt hat.

Hier hat also die Wissenschaft eine Aufgabe, all denen zu helfen, die ratlos sind; hier ist die spiritualistisch orientierte Parapsychologie aufgerufen, denen Antwort zu geben, die sich allein mit dem Glauben nicht begnügen wollen und Beweise für das persönliche Überleben fordern. Das einschlägige Material hierzu ist groß und vermag jeden zu überzeugen, der sich die Mühe macht, es kennenzulernen.

Wie wichtig eine solche Aufgabe der Wissenschaft ist, zeigt das allgemeine Interesse an unserem Thema; und es ist anzunehmen, daß dieses Interesse noch weiterwachsen wird, je öder und trostloser das Leben in der Masse, je härter der Kampf ums Dasein wird und je unerbittlicher der Materialismus um sich greift. Die Menschen werden morgen noch mehr als heute Antwort auf ihre letzten Fragen erwarten. Das Glauben allein ist ihnen zu wenig. Als Kinder unserer immer seelenloser werdenden rationalistischen Zeit wollen sie »wissen« können, darum erwarten und verlangen sie Beweise, an die sie sich halten können, Antworten, die ihre Zweifel bannen.

Es ist nicht abzusehen, welch' heilsame Auswirkungen es auf das Leben in unserer Gesellschaft, auch auf das Leben der Völker untereinander hätte, erführe das krasse materialistisch geprägte Diesseitsdenken unserer Zeit durch ein immer tiefer verankertes Wissen um das Weiterleben eine schon lange ersehnte Wende zu einem um sich greifenden Jenseitsbewußtsein, wie es dem Christentum vorschwebt.

Die Menschen der Gegenwart verlassen sich in vielen Dingen gerne auf das Urteil anderer, besonders in wichtigen Fragen auf die Meinung bekannter Persönlichkeiten des geistigen oder öffentlichen Lebens. Wäre es da nicht interessant, einmal zu hören, was große Männer der letzten Jahrhunderte zur immer aktuellen Frage der Unsterblichkeit zu sagen hatten? Eine Auslese von Aussprüchen solcher Persönlichkeiten möge hier folgen: Es sind Zitate, die manches bekräftigen, was wir auf

Grund des Dargestellten bereits wissen, die aber auch auf manches hinweisen, das uns in der Folge erst beschäftigen wird.

Petrarca, italienischer Dichter und Gelehrter, 14. Jh.
»Was die Törichten sterben nennen, das ist der Anfang des Lebens, der Anbruch des Morgenrots; jener Tag, auf den keine Nacht mehr folgt.«

Agrippa v. Nettesheim, Naturforscher, 15. Jh.
»Es wohnt in unserer Seele ein das All umfassender Scharfblick inne, der durch Finsternis des Körpers und der Sterblichkeit verdunkelt und gehemmt wird; nach dem Tode aber, wenn die vom Körper befreite Seele die Unsterblichkeit erlangt, wird dieser Scharfblick zur vollkommenen Erkenntnis.«

Immanuel Kant, dt. Philosoph, † 1804
»Es wird noch erwiesen werden, daß die menschliche Seele auch in diesem Leben in einer unauflöslich verknüpften Gemeinschaft mit allen immateriellen Naturen der Geisterwelt stehe, daß sie wechselweise in diese wirke und von ihnen Eindrücke empfange . . .«
»Wenn sich . . . die menschliche Seele vom Körper trennt, so wird sie nicht die Welt so anschauen, wie sie erscheint, sondern so, wie sie ist.«

Joh. Wolfg. v. Goethe, † 1832
»Ich möchte keineswegs das Glück entbehren, an eine zukünftige Fortdauer zu glauben . . . Ich habe die feste Überzeugung, daß unser Geist ein Wesen ist ganz unzerstörbarer Natur; es ist ein fortwirkender von Ewigkeit zu Ewigkeit.«

Friedr. v. Schiller, † 1805
»Sagt man nicht, es gebe eine bessere Welt, wo die Traurigen

und die Leidenden sich freuen und die Liebenden sich wiedererkennen? Ja, eine Welt, wo die Schleier hinwegfallen? Ewigkeit heißt ihr Name.«

Heinr. v. Kleist, Dichter, † 1811
»Nur das ist wirklich wichtig für uns, daß unsere Seele zu Gott kommt, nur das und nichts anderes.«

Alex. Frhr. v. Humboldt, Naturforscher, † 1859
»Ich habe nie die mindeste Furcht vor dem Tode gehabt. Der Tod ist kein Abschnitt des Daseins, sondern bloß ein Zwischenereignis, ein Übergang aus der Form des endlichen Wesens in die andere, befriedigendere, erhellendere.«

F. W. v. Schelling, Philosoph, † 1854
»Durch den Tod sind wir, um es bildlich auszudrücken, lediglich von einem Raum in einen anderen, nämlich vom Diesseits ins Jenseits eingetreten.«

Arthur Schopenhauer, Philosoph, † 1860
»Ich glaube, daß, wenn der Tod unsere Augen schließt, wir in einem Lichte stehen, von welchem unser Sonnenlicht nur ein Schatten ist.«

F. M. Dostojewski, russischer Dichter, † 1881
»Es gibt . . . auf Erden nur eine höchste Idee, die von der Unsterblichkeit der menschlichen Seele.«

Alexej Graf Tolstoi, russ. Dichter, † 1875
»Nur der glaubt nicht an die Unsterblichkeit, der niemals über den Tod nachgedacht hat. So wie ich von Gott ausgegangen bin, als ich geboren wurde, so kehre ich zu ihm zurück.«

Carl du Prel, dt. Pionier der Parapsychologie, † 1899
»Das Jenseits ist das anders geschaute Diesseits.«
»Es ist ein Skandal, daß über die wichtige Frage der Menschheit, über die Unsterblichkeit, noch immer tiefe Unwissenheit herrscht.«

Carl Ludw. Schleich, Arzt, Erfinder der Infiltrationsanästhesie, † 1922
»Der Unsterblichkeitsglaube ist lebendig in jedem tiefer denkenden Menschen. Es hat niemals ein Genie gegeben, welches nicht an die Unsterblichkeit geglaubt hätte. Man befindet sich mit dem Glauben an die Ewigkeit des Ichs wahrscheinlich in der allerbesten Gesellschaft.«

Hans Driesch, Philosoph und Parapsychologe, † 1941[9]
»Die Frage des Überlebens der Person bleibt nun einmal das Hauptproblem aller Wissenschaften, mögen auch unsere offiziellen Philosophen und Psychologen alle einen weiten Bogen um sie machen und tun, als ob sie sie überhaupt nicht sähen.«

Wernher v. Braun, dt. Pionier der Weltraumfahrt, † 1977
»Alles, was mich die Wissenschaft lehrt – und nicht aufhört zu lehren –, bestärkt mich in meinem Glauben an die Fortsetzung unserer geistigen Existenz im Leben nach dem Tode.«

Hermann Oberth, »Vater« der Raumforschung, Physiker[10]
»Die Seele überlebt ihren derzeitigen Körper um Hunderte von Jahrmillionen und ist wahrscheinlich überhaupt unsterblich.«

3. KAPITEL

Macht und Eigenart der Geistseele – Phänomene, die sie beweisen

Die Seele des Menschen kann mit dem Seziermesser nicht festgestellt werden, doch daß sie wirklich existiert, ergibt sich eindeutig aus den Phänomenen, die im folgenden beschrieben werden.

Mystiker und besonders sensitive, d. h. übersinnlich begabte und zumeist auch hellsichtige Personen erleben den Menschen oft als Geistwesen mit der für ihn persönlich-charakteristischen *Aura*, einer intensiven Kräfteausstrahlung, die in Form und Farben den körperlichen, seelischen und geistigen Zustand der betreffenden Person erkennen lassen. Sie ist gewissermaßen die Atmosphäre, in der der Mensch lebt und wirkt und durch die er auch auf seine Umgebung Einfluß nehmen kann.

Von gleichen Atmosphären »durchtränkt« sind, wie die bekannte Parapsychologin Gerda *Walther* sagt, zwischenmenschliche Erlebnisse und Erfahrungen, die wir als »telepathisch« bezeichnen. Sie zeigen die ganze schillernde Skala übernormaler Phänomene, die uns zum erstenmal deutlich machen, daß die Seele als Geistwesen Raum und Zeit überwindet und dazu weder der fünf Sinne noch materieller Hilfsmittel bedarf, um von Mensch zu Mensch, oft über unermeßliche Entfernungen hinweg seelisch-geistige Kontakte herzustellen. Wer diese Phänomene erkannt hat, der hat den ersten Schritt zur Bejahung der alles Irdische überwindenden menschlichen Seele getan und hat sich auch in die Menge derer eingereiht, die Gott als alles in allem bejahen.

Exakte Beweise im streng naturwissenschaftlichen Sinne für das Überleben des Todes sind diese Phänomene nicht, aber sie lassen uns sehr wohl Fähigkeiten der Seele ahnen, die über die irdisch-materielle Begrenztheit unserer Welt hinausgreifen.

Der Mensch erlebt, erfaßt und erkennt die Welt bekanntlich durch seine fünf Sinne. Dies ist die uns natürliche, normal erscheinende Art der Wahrnehmung, die unser Verhalten steuert. Daneben gibt es aber noch eine Wahrnehmung, die ohne Hilfe und Mitwirkung der Sinnesorgane zustandekommt und die wir daher als »paranormal« = übernormal bezeichnen. Die Parapsychologie spricht daher von Außersinnlicher Wahrnehmung (= ASW), englisch: Extrasensory Perception (= ESP), eine Bezeichnung, die auf den amerikanischen Pionier der Parapsychologie Prof. J. B. Rhine zurückgeht. Daneben hat sich noch die Bezeichnung »übersinnlich« für die Wahrnehmung übernatürlicher Erscheinungen und Vorgänge eingebürgert.

Zur ASW zählen wir die *Telepathie* und das *Hellsehen* einschließlich der zeitlichen Vorschau (= *Präkognition*).

Mit diesen Phänomenen wollen wir uns im folgenden näher befassen.

Manche Forscher bevorzugen die Abkürzung ASE, wobei das E sowohl Erfahrung wie Erlebnis bedeuten kann. Wir bleiben jedoch bei ASW.

4. KAPITEL

Die Telepathie und ihre Varianten

Das Wort Telepathie besteht aus zwei griechischen Wortteilen: téle = in die Ferne, aus der Ferne, und pathein = leiden. Deutsch könnte es dem Sinne nach mit Fernleiden, Fernfühlen übersetzt werden. Dies wäre allerdings keine erschöpfende Definition oder Umschreibung des Begriffs Telepathie. Der

Fachmann versteht darunter: jede unmittelbare, von Raum und Zeit unabhängige seelische Einwirkung eines Menschen auf einen anderen (oder auch mehrere) ohne Vermittlung der fünf Sinne.

Die Parapsychologin Gerda Walther († 1976) hält die Telepathie für ein sogenanntes »Ganzheitsphänomen«, in dem sich »die gesamte seelisch-geistige Eigenart, die ›Atmosphäre‹ eines Menschen einem andern mitteilt«[11].

Es gibt zwei Varianten der Telepathie: 1. die *Gedankenübertragung* und 2. das *Gedankenlesen.* Genau betrachtet, handelt es sich hierbei aber im eigentlichen Sinne selten bloß um Gedanken, die auf einen anderen Menschen übertragen, in sein Bewußtsein gesendet bzw. in seinem Bewußtsein gelesen werden, sondern oft um sehr viel kompliziertere geistig-seelische Vorgänge.

Des besseren Verständnisses wegen sollen beide Formen der T. getrennt voneinander betrachtet werden.

a) Die *telepathische Übertragung*

[1] Eine Mutter weiß ihren Sohn auf Reisen im Ausland. Eines Tages, während ihrer Arbeit im Haushalt, wird sie plötzlich unruhig, und wie unter einem inneren Zwang konzentrieren sich ihre Gedanken auf den fernen Sohn. Zunehmend verstärkt sich in ihr das Gefühl, er sei in Lebensgefahr. Sie stellt die Zeit fest: Es ist genau 11 Uhr. – Am Abend erhält sie die Nachricht, daß ihr Sohn zur Zeit ihrer Ahnung während eines Überlandfluges, von dem sie gar nichts wußte, abgestürzt sei.

Dieser Fall von Übertragung, den die Mutter als Ahnung erlebt, setzt nicht voraus, daß der Sohn während des Absturzes unbedingt an seine Mutter gedacht haben muß. Übertragungen dieser Art erfolgen meist völlig unbewußt-spontan, sind also willentlich nicht gesteuerte Eigenleistungen der Seele, die mit einem anderen, ihr nahestehenden Menschen in Kontakt ist. Der »Sender«, in unserem Fall der Sohn, »meldet sich an« bei der Mutter als Empfängerin. Das Beispiel beweist, daß das Unbewußte des Sohnes mit dem Unbewußten der Mutter in Wechselbeziehung stand.

[2] Frau H. war Anfang September 1937 mit ihrem Mann und ihrer siebenjährigen Tochter zu einem Urlaub nach St. J. in Tirol gekommen. Man hatte die Absicht, 14 Tage zu bleiben. Am Morgen des dritten Tages wurde sie mit ausgesprochenen Angstgefühlen aus dem Schlaf gerissen; Tränen bedeckten ihr Gesicht, und sie sagte, sie habe das deutliche Gefühl, ihre Mutter, die in K. in Siebenbürgen lebte, sei in Lebensgefahr. Sie möchte daher nicht länger bleiben und so rasch wie möglich in die Heimat fahren. Alle Versuche des Gatten, sie zu beruhigen und ihr die anstrengende Reise mit der Tochter auszureden, hatten keinen Erfolg. Die Reise wurde also vorbereitet, die Angehörigen, die über kein Telefon verfügten, telegrafisch von ihrem Kommen verständigt, und am dritten Tag fuhren Mutter und Tochter ab. Als sie nach mehr als 30-stündiger Fahrt in K. eintrafen, wurden sie an der Bahn erwartet und ein Bruder eröffnete Frau H.: »Erschrick nicht, wenn du die Mutter siehst, sie ist vor vier Tagen am frühen Morgen die Kellertreppe hinabgestürzt und hat sich schwere Verletzungen zugezogen. Es ist möglich, daß sie dich nicht gleich erkennt.« Der Unfall hatte sich, wie Frau H. rekonstruieren konnte, genau um die Zeit ereignet, als sie angsterfüllt aus dem Schlaf erwachte. Ihre Mutter ist nachher an den Folgen des Unfalls gestorben.

Telepathische Kontakte können also auch im Schlaf erlebt werden und zu ahnungsvollen seelischen Erschütterungen – meist unter dem Eindruck einer Traumgeschichte – führen. Ein solcher Traum wurde in dem geschilderten Fall der Empfängerin des telepathischen Kontaktes freilich nicht bewußt; daß sie aber tatsächlich geträumt hatte, beweisen die Tränen, mit denen sie erwachte. Die Traumtelepathie ist übrigens eine wissenschaftlich einwandfrei nachgewiesene Tatsache[12].

[3] Frau Agnes R. berichtet: »Es war am 10. Juni 1940, als ich in der Mittagshitze, kurz vor 12 Uhr, ein kleines Stück Weges an einem Waldrand bei N. zu gehen hatte. Niemand begegnete mir. Auf einmal trat etliche Meter vor mir ein Soldat seitlich aus dem Wald heraus. Ich stockte und bemerkte, daß der Mann unbeweglich stehen blieb. Dabei fiel mir das blasse, völlig verschwommen wirkende Gesicht des Mannes auf. Ich ermunterte mich, eilig vorbeizugehen, doch als ich mich ihm näherte, war er plötzlich weg. An der Stelle, wo er gestanden hatte, spähte ich ängstlich in die langen, schmalen Gassen des dürftigen Föhrenwaldes hinein. Kein Gestrüpp oder Buschwerk war da, das ihn hätte verbergen können, – er blieb verschwunden. Heftiges Zittern überfiel mich und tagelange Unruhe und Traurigkeit folgten. Nach 14 Tagen erhielt ich die Nachricht, daß mein Verlobter am 10. 6. 1940, mittags, kurz vor 12 Uhr, also in der Zeit meiner seltsamen Begegnung, in Frankreich gefallen war.«

Telepathische Übertragungen können, wie in diesem Fall, mit einer Schauung verbunden sein, die einen objektiven Sachverhalt vortäuscht. Natürlich ist der Verlobte nicht persönlich erschienen, aber er hat sich optisch, als »Phantom«, über viele km augenblicklich kundgetan und damit seinen Tod »angemeldet«.

Bemerkenswert, daß der Sterbende seine Braut nicht in ihrer gewohnten Umgebung, also daheim, sondern während eines Ausgangs erreichte. Die Seele verfehlt *nie* ihr Ziel, wo immer sich auch die gesuchte Person gerade befindet. Man beachte auch in all solchen Fällen der Fernwirkung die unvorstellbare Geschwindigkeit, mit der sich eine Übertragung oder Anmeldung realisiert. Versuche haben gezeigt, daß telepathische Bildübertragungen in Sekundengeschwindigkeit vor sich gehen.

Noch wirkungsvoller als die geschilderten Übertragungen sind solche, die mit *psychokinetischen* Akten gekoppelt sind. *Psychokinese* (auch *Telekinese*) ist eine durch geistige Bewirkung und ohne sonstige Hilfsmittel hervorgerufene Bewegung oder Veränderung von Gegenständen. Auffallend ist ihre häufig vorkommende Verbindung mit der Telepathie. Beispiele sollen dies verdeutlichen:

[4] Eine Familie in G. wird eines Nachts durch das Telefon aus dem Schlaf gerissen. Der Hausherr geht an den Apparat, doch als er den Hörer abhebt, meldet sich niemand. Wenige Minuten später wiederholt sich dasselbe. Am nächsten Morgen teilt die Mutter des Mannes – aus einem Ort, mehrere hundert Kilometer von G. entfernt – telefonisch mit, daß der »Vater« am Abend vorher, genau um die Zeit, als das Telefon in G. zweimal läutete, an einem Herzschlag gestorben sei. Niemand hatte im Elternhaus am Abend vorher versucht, die Todesnachricht gleich telefonisch weiterzugeben. – Kompliziert wird der Fall noch dadurch, daß auch die an einem dritten Ort lebende Tochter des Verstorbenen zur Zeit seines Todes, u. zw. zur gleichen Stunde und Minute wie der Bruder in G., zweimal durchs Telefon geweckt wurde, ohne daß sich jemand meldete.

Dieses Beispiel zeigt, auf welche mysteriöse Weise sich die Seele eines Sterbenden gleichzeitig an zwei verschiedenen Orten manifestieren kann. Welche Macht verrät sie in diesem so entscheidungsvollen Augenblick ihrer Trennung vom physischen Körper! Sollte man da annehmen, daß sie, die sich so unvorstellbar stark erweist, im gleichen Augenblick selbst sterben könnte? Sind solche An- oder Abmeldungen von Sterbenden nicht eigentlich schon überzeugende Beweise für ihr Weiterleben nach dem Tode?

Besonders eindrucksvoll sind im letzten Beispiel die mit der Anmeldung verbundenen physikalischen Erscheinungen: die psychische Einflußnahme auf zwei Telefonapparate zur selben Zeit! – Um die ganze Tragweite dieses Vorgangs zu begreifen, muß man sich vergegenwärtigen, was sich eigentlich abgespielt hat: Der Vater stirbt, seine Seele, ein geistiges Wesen, übernimmt im selben Augenblick die Aufgabe, den Kindern auf unmißverständliche Weise seinen Tod anzuzeigen. Als geistiges Wesen hat sie die Fähigkeit, auch auf die Materie zu wirken; vermutlich setzt sie bei Sohn und Tochter gleichzeitig das Läutwerk der beiden Telefonapparate in Tätigkeit. Um die Wirkung dieses »Anrufs« noch zu verstärken, wiederholt sie den »Anruf« durch Läuten. Am nächsten Tag stehen die Empfänger des mysteriösen Anrufs vor einem »Rätsel«, weil sie sich den Vorgang nicht erklären können . . . Sollte der doppelte gleichzeitige Anruf nicht aber gerade deshalb gekommen sein, um sie zum Nachdenken zu zwingen, um ihnen und auch uns die Existenz einer leibfreien Seele und ihre, Raum, Zeit und Materie beherrschende Kraft zu beweisen?

Louisa Rhine berichtet in »Hidden Channels of the Mind« (»Verborgene Kanäle der Seele«) folgenden Fall:

[5] In einer Familie in Nevada hat der Sohn Frank ein besonders herzliches Verhältnis zu seiner Mutter. Eines Tages

> bringt er ihr als Geschenk eine Kristallschale mit. Voll Freude stellt sie sie im Eßzimmer auf. Einige Zeit später erkranken die übrigen Geschwister an Windpocken und Frank wird zu den Großeltern nach Grand Haven in Michigan gebracht, rund 60 km von Nevada entfernt. – Zwei Tage danach unterhält sich die Mutter beim Frühstück im Eßzimmer mit einer Nachbarin, als plötzlich die Kristallschale in zwei Teile zerspringt. »Mein Gott, Frank ist tot!« ruft die Mutter im selben Augenblick aus und läßt sich nachher weder von ihren Kindern noch von der Nachbarin von ihrem schrecklichen Gedanken abbringen. Und in der Tat wird ihre Ahnung zur Gewißheit, als eine Stunde später ein Telegramm ankommt, darin der Großvater um ihren Besuch bittet, da Frank »etwas zugestoßen« sei. Sie begibt sich sofort per Bahn nach Grand Haven. Noch auf dem Bahnhof, wo man sie erwartet, ist ihre erste Frage: »In welcher Leichenhalle liegt er?« Genau in dem Augenblick, als die Kristallschale zersprang, war Frank von einem Nachbarjungen beim Spielen mit einem Gewehr erschossen worden.[13]

Das Unheimliche auch an diesem Fall ist nicht nur die Geschwindigkeit der Übertragung, sondern auch die Sicherheit, mit der die Seele des Jungen den Gegenstand findet, durch den sie sich manifestieren will.

Anmeldungen von Sterbenden können nicht nur mit telekinetischen (physikalischen) Akten, sondern auch mit akustischen Phänomenen verbunden sein. In manchen Fällen kann sich der Sender der telepathischen Übertragung auch in ganzer Gestalt, oft auch im Zustand des Sterbens, zeigen. Eindrucksvoll war die Abmeldung des russischen Pianisten Arthur Rubinstein d. ä., der 1894 starb.

[6] Rubinstein, der in Petersburg lebte, sprach eines Tages mit einem seiner Schüler namens Nitschia über die Frage des Weiterlebens nach dem Tode und erklärte, er würde sich, wenn er eher stürbe, seinem Schüler im Moment seines Todes bemerkbar machen. Darauf vergingen Jahre. Als sich Nitschia 1894 in Paris aufhielt, wurde er eines Nachts durch einen erschütternden Schrei aus dem Schlaf geweckt, und für einen kurzen Augenblick erschien das verzerrte Antlitz von A. Rubinstein vor ihm. – Schon am Abend darauf war in der Pariser Presse zu lesen, daß der berühmte Pianist in der Nacht vorher gestorben sei. – Interessanterweise erfuhr Nitschia einige Zeit nachher von einem Kollegen, der den Tod Rubinsteins an dessen Bett miterlebt hatte, daß der Meister tatsächlich mit einem lauten Schrei gestorben war.

War die Mitübertragung eines Gehörphänomens, nämlich des Schreies, im Falle Rubinstein eher geeignet, beim Empfänger Grauen zu erregen, so können andererseits Abmeldungen von Sterbenden, die mit angenehmen musikalischen Klängen und Melodien auftreten, beglückende Empfindungen hervorrufen, wie im folgenden Fall, den ein Herr aus V. berichtet.

[7] Er erzählt, 1933 einmal nachts durch einen »wunderbaren mehrstimmigen Kindergesang« geweckt worden zu sein. Der Gesang schien ihm deutlich von draußen zu kommen. Bald wurde ihm aber bewußt, daß der Gesang unmöglich von draußen kommen konnte, denn »er war ganz nahe bei mir und klang langsam aus«, wie er sich erinnert. Er war auch vollkommen wach. Eine »beseligende Stimmung« ergriff ihn und hielt ihn nachher noch lange munter. – Am nächsten Tag erhielt er die telegrafische Mitteilung vom Tode eines Onkels, von dem er gar nicht wußte, daß er

krank gewesen war. Sogleich brachte er sein Erlebnis mit diesem Todesfall in Zusammenhang. Freilich hätte er nicht beweisen können, daß die von ihm gehörte Musik tatsächlich auf eine Abmeldung des sterbenden Onkels zurückzuführen war. Seine Annahme wurde jedoch bestätigt, als sich herausstellte, daß sich der Sterbende noch bei zwei anderen Personen mit dem gleichen Gesangsphänomen abgemeldet hatte. –

Auch an Goethes Sterbetag soll in seinem Wohnhaus zu Weimar, gleichsam aus den Wänden, leise Musik erklungen sein.
Es ließen sich zu diesem Phänomen noch manche andere Beispiele bringen.
Der englische Forscher Prof. Gurney hat übrigens viele Berichte über Jenseitsmusik gesammelt und auf ihre Echtheit hin geprüft.

Es gibt auch Serienträume mit telepathischem Bezug. Sie wirken besonders überzeugend, wie auch folgender Fall einer Dame meines parapsychologischen Arbeitskreises zeigt.

[8] Ihr Bericht lautet: Mein Bruder T. lebte mit seiner Familie in Rumänien. Jahre nach Kriegsende erfuhren wir auf Umwegen, er sei eines Tages von der Polizei abgeholt und nicht wieder zurückgebracht worden. Über sein Schicksal konnten wir nichts Genaues erfahren. Es war bereits ein Jahr vergangen, als ich ihn binnen einer Woche in drei mir unvergeßlichen Träumen deutlich erlebte. In der Montagnacht sah ich ihn auf einer Straße auf mich zukommen. Er war deutlich zu erkennen und zum Greifen nahe. Erfreut rief ich ihn laut mit seinem Namen an, dann löste sich das Traumbild auf. – Am Mittwoch sah ich ein Zimmer mit einer Bank entlang der Wände und einem frisch überzogenen weißen Bett, das quer von der Zimmermitte zur Bank hin stand. Plötzlich erschien mein Bruder von links, kniete sich auffallend geduckt auf die Bank und rutschte, mit einem ängstlich wirkenden Gesichtsausdruck, langsam auf dieser weiter. Ich rief ihm zu, er solle sich in das Bett legen, unsere Schwester Minna, die damals aber schon tot war, werde ihm das sicherlich erlauben. Er rutschte nun über das Bett hinweg nach rechts zur Bank und kauerte sich, wie ein gehetztes Tier geduckt und angstvoll um sich blickend, in eine Ecke. Der Traum machte auf mich einen erschütternden Eindruck, weil ich das Gefühl hatte, mein Bruder befinde sich in Gefahr. – Am Freitag sah ich ihn wieder auf einer schmalen Straße auf mich zukommen, diesmal aber ganz schemenhaft, aber mit deutlichen Konturen, in einem lehmfarbenen Überrock und einem auffallend hellroten Saum um den ganzen Körper. Es ist mir deutlich in Erinnerung, daß ich nach dem Traum irgendwie befreit war, denn ich hatte das Gefühl, mein Bruder sei nun tot, aber erlöst. Und so war es auch; denn einige Zeit später erfuhren wir, daß man seiner Familie seine Kleider geschickt hatte, mit der Mitteilung, er sei in einem Lager gestorben, zu einer Zeit, die mit meinem Traumerlebnis übereinstimmte.«

Der Bruder ist also seiner Schwester, der er innerlich sehr nahestand, in der letzten tragischen Phase seines Lebens dreimal erschienen, wobei vor allem der mittlere Traum ganz unverkennbar auf die Verlassenheit in der Gefangenschaft und die Angst vor dem Letzten, vor dem er sich »duckte« wie ein verfolgtes Tier, hinzuweisen scheint. Daß dann der letzte Traum der Serie wie eine Befreiung wirkte und die Träumerin selbst das Gefühl einer Erlösung hatte, beweist, daß sie in dieser letzten Nacht stark unter dem Eindruck einer seelischen Verbindung mit ihrem Bruder stand.

Im folgenden sei noch ein Fall erzählt, der zum Sterben keinen Bezug hat, der aber zeigt, daß bei telepathischen Übertragungen gelegentlich auch Geruchsphänomene eine Rolle spielen. Der Fall der Gräfin S. ist durch Zeugen einwandfrei bestätigt.

[9] 1956 befand ich mich vor Pfingsten bei einem befreundeten Ehepaar bei T. in Bayern. Ich hatte meine Heimreise für Samstag festgesetzt. Wir aßen noch einmal zu Abend; es gab Spinat, Reis und Schinken. Nachher gingen wir in die Küche, meine Freundin G. wusch das Geschirr, ich trocknete es ab. Hierbei fiel mir auf, daß nicht nur das Geschirr, sondern auch das Trockentuch stark, ja penetrant nach Hering roch. Ich fragte meine Freundin, ob sie wohl versehentlich eine Heringsbüchse im Abwaschwasser habe. Sie erklärte mir hierauf, den Geruch bemerke sie selbst seit geraumer Zeit, doch sei dies nicht das Wasser, ... *ich* sei es vielmehr, die den Heringsgeruch verbreite. Dies erschien mir völlig unerklärlich. Doch G. bekräftigte, um mich läge eine Heringswolke, die sich allem mitteile, was ich berühre. Im übrigen wisse man ja, daß ich medial sei, sicherlich hätte ich einen Freund, der zur Stunde *ein Faß fauler Heringe reinige* und hierbei an mich denke. Diese Feststellung schien mir nun doch etwas weit hergeholt. – Am Tag darauf fuhren wir zu dritt nach München, von wo ich nach Garmisch weiterfahren wollte. Ich hatte jedoch über eine Stunde Aufenthalt, und diese Zeit wollte ich nutzen und suchte kurzentschlossen einen in Bahnhofsnähe wohnenden Kollegen, den Grafiker K., auf. Obgleich ich unangemeldet kam, war er nicht erstaunt, mich zu sehen. Gelassen meinte er nur, so könne er sich nun den Brief ersparen, den er am Abend vorher an mich begonnen habe. Er erzählte mir kurz, er habe eine Illustrationszeichnung machen müssen und dazu ca. 50

Entwürfe versucht. Dies habe er mir schreiben wollen, wäre dabei aber unterbrochen worden. Es handle sich um eine ganz merkwürdige Geschichte, in der nämlich ein Mann mit einem Beil »ein Faß fauler Heringe« aufschlägt.

Der Grafiker war demnach mit dem seltsamen, wahrscheinlich nicht leicht darzustellenden Thema derart beschäftigt, daß er bei dem Gedanken, seiner Kollegin in Garmisch davon Mitteilung zu machen, unmittelbar auch den Geruch der faulen Heringe auf sie übertrug und zwar mit solcher Intensität, daß sogar die Freundin der Berichterstatterin in die Geruchsübertragung miteinbezogen wurde. Das Auffallende hierbei ist, daß die Telepathie klappte, die Empfängerin also genau erreicht wurde, obzwar der Münchner Kollege ihren gegenwärtigen Aufenthaltsort gar nicht kannte, der Zielpunkt der Übertragung also mit ihrer Wohnadresse nicht übereinstimmte. – *Die Seele findet eben, wen sie sucht, wo immer er sich aufhält. Diese Fähigkeit der Seele sollte uns sehr zu denken geben.*

Die 2. Variante der Telepathie ist
b) das *Gedankenlesen*, auch *Gedankenabzapfen* genannt.

Hierbei geht die Wissenschaft von der Erfahrung aus, daß es paranormal begabten Menschen möglich ist, dem Unbewußten anderer die hier gespeicherten Erlebnisinhalte, Informationen und Gedanken, zu entnehmen, d. h. sich also ganz automatisch und völlig unabsichtlich das Wissen anderer auf telepathischem Wege anzueignen. Wir alle sammeln und speichern ja unentwegt, vom ersten Tag unseres Lebens an, Eindrücke, Erfahrungen und Wissen in unserem Bewußtsein. Manches davon, das wir vergessen oder gerne verdrängen, sinkt in eine Tiefenschicht dieses Bewußtseins, aus dem es aber durch Hypnose oder »Gedankenlesen« wieder emporgehoben werden kann.

[10] Der ungarische Hellseher Johann Kele, der auch ob seiner hervorragenden telepathischen Fähigkeiten bekannt war, hatte eines Tages in Garmisch eine Begegnung mit einem Kunstmaler, der auch Zeugen beiwohnten. Beide kannten einander nicht. Während eines belanglosen Gesprächs »sah« plötzlich Kele in einer Vision, die sich vor ihm auftat, einen an einem Schreibtisch sitzenden Mann von etwa 45 Jahren, der gerade mit einer Schreibarbeit beschäftigt war. Im nächsten Augenblick schilderte Kele sehr anschaulich das Erscheinen einer Dame, die durch eine Tür von links ins Zimmer trat und dem Mann am Schreibtisch etwas zu sagen schien. Aber kaum hatte sie sich Keles Augen entzogen, als er sagte: »Jetzt steht der Mann auf, greift sich plötzlich an die Brust und bricht zusammen«. Unvermittelt fügte Kele hinzu: »So hat sich der Tod Ihres Vaters vor langer Zeit abgespielt.« – Der Kunstmaler, der mit sichtlichem Erstaunen der Schilderung gefolgt war, zeigte sich tieferschüttert und bestätigte, daß er in der Tat das Sterben seines Vaters vor ungefähr 40 Jahren genau so in Erinnerung hatte.

Ein Kindheitserlebnis, das sich unvergänglich dem Bewußtsein eingeprägt hatte, konnte also vom Telepathen aus Gründen, die wir nicht kennen, plötzlich wieder erlebt und wahrheitsgemäß geschildert werden.

Die Telepathie ist bei allen Völkern aller Zeiten und Kulturen durch ein riesiges Beweismaterial gesichert. Sie als »Gehirnradio«, also mit Gehirnstrahlen oder etwas Ähnlichem physikalisch erklären zu wollen, wie man es lange versucht hat und wie es noch heute Wissenschaftler der Ostblockstaaten versuchen, ist endgültig gescheitert. Ein Phänomen, das so offenkundig geistigen Ursprungs ist, wie die Telepathie, kann, auch weltanschaulichen Gründen zuliebe, nicht auf physikalische Vorgänge zurückgeführt werden.

Nicht minder wunderbar und vielseitig erweist sich die *Kardiognosie* oder *Herzenskunde*.

Sie ist eine dem Gedankenlesen wesensverwandte, aber vielfach über dessen Kräfte hinausreichende Fähigkeit, wie sie speziell Mystikern eigen ist. Das Wort Kardiognosie ist wieder griechischen Ursprungs: kardia = Herz, gnosis = Kenntnis. Es ist eine seltene, übernatürlich erscheinende Gabe. Sie befähigte z. B. den stigmatisierten Mönch Padre Pio aus San Giovanni Rotondo oder den hl. Pfarrer Vianey von Ars dazu, sofort zu erkennen, ob und welche Sünden man ihnen, etwa bei der Beichte, verschwiegen hatte. Kein seelisches Leid, kein Gewissenskonflikt konnte ihnen verborgen bleiben. Sie erkannten nicht nur die Konflikte, sondern auch alle Umstände, die dazu geführt hatten, und alle Wege zu ihrer Entwirrung.
Stark ausgeprägt fand sich die Herzenskunde nach Zeugenaussagen bedeutender Theologen bei Therese Neumann, der bekannten Stigmatisierten von Konnersreuth.
In seinem Buch »Therese Neumann von Konnersreuth« nimmt Dr. Johannes Steiner auch Bezug auf ihr intuitives Erkennen des Seelenzustandes von Besuchern. – Nach dem Zeugnis von Kaplan Fahsel, der selbst ein Buch über sie geschrieben hat, soll Therese Neumann sehr darunter gelitten haben, wenn sich Menschen in ihrer Nähe befanden, die lieblos und stolz waren; von solchen Menschen distanzierte sie sich sofort. Auch mit Leuten, die in ungeordneten geschlechtlichen Beziehungen lebten, wollte sie nichts zu tun haben. Daher soll es oft vorgekommen sein, daß sie an Freitagen aus der Leidensvision erwachte und den anwesenden Pfarrer Naber oder ihre Eltern bat, die

Menschen aus ihrem Zimmer zu weisen, weil sie spürte, daß jemand unter ihnen war, den sie ob seiner sündhaften seelischen Verfassung nicht ertragen konnte.[14]

Auch von der stigmatisierten Nonne Anna Katharina Emmerich (1774–1824) wissen wir, daß sie die Gabe der Herzensschau in hohem Grad besessen hat. Die Dichterin Luise Hensel lernte sie durch ihren Freund Clemens Brentano kennen und wußte auch von ihrer hohen mystischen Gabe. Sie erzählte später, wie der Arzt Dr. Wesener durch A. K. Emmerich in einem Gespräch, in dem sie wie nie zuvor ein Mensch an sein Gewissen rührte, so erschüttert wurde, daß er sich, der Ungläubige, auf der Stelle bekehrte. Ihm, der eigentlich die Nonne nur besucht hatte, um sie zu entlarven, weil er als Arzt an die Möglichkeit der Stigmatisation nicht glaubte, hielt sie sein ganzes Leben wie in einem Spiegel vor, seine Kindheit im Kreis einer frommen Familie, seine späteren Zweifel, seinen Abfall vom Glauben u. a. m. »Ich würde selbst dadurch«, wie er Luise Hensel gestand, »noch nicht überzeugt worden sein, denn es hätte ihr ja möglicherweise darüber etwas mitgeteilt worden sein können. Aber sie sagte mir zwei Dinge genau und scharf mit allen Nebenumständen, die sie nur durch höhere Offenbarung wissen konnte, denn sie waren nur zwischen Gott und mir geschehen, nie hatte irgendein Mensch eine Ahnung davon gehabt noch haben können.«

5. KAPITEL

Das Hellsehen und seine Varianten

Ein Schwesterphänomen der Telepathie und nicht minder beweiskräftig für die Geistnatur des Menschen ist das *Hellsehen.*

Wir kennen es in drei Formen:
1. als *Räumliches Hellsehen* oder *Hellsehen in der Gegenwart,*
2. als *Hellsehen in die Vergangenheit,* auch *zeitliche Rückschau* oder *Retrokognition* (wörtlich: »Rückerkennen«) genannt,
3. als *Hellsehen in die Zukunft,* auch *Vorschau* oder *Präkognition.*

In all diesen Formen ist Hellsehen eine außersinnliche Wahrnehmung (ASW). Sie befähigt den Menschen, über Raum und Zeit hinweg Ereignisse, Personen und Dinge wahrzunehmen, von denen sonst niemand weiß. Gerade dieser Nachsatz ist wichtig, weil sonst die Möglichkeit besteht, daß Geschehnisse oder Dinge, von denen andere Personen wissen, nicht durch Hellsehen, sondern auf telepathischem Wege wahrgenommen werden.
Das Wort Hell*sehen* ist an sich irreführend, weil es keineswegs immer mit Sehen zu tun hat. Prof. J. B. *Rhine* sagt dazu in seinem grundlegenden Werk »Die Reichweite des menschlichen Geistes«[15]: »Hellseherische Eindrücke können die Form von Gesichtsbildern haben, sie können aber ebensogut anderer Art sein. Jedes unmittelbare Erfassen äußerer Gegenstände ist Hellsehen, wenn die Sinne daran nicht beteiligt sind.« Das Wunderbare daran ist eben, daß Dinge mit- oder nacherlebt bzw. vorausgewußt werden, ohne daß es zu sinnlichen Wahrnehmungen durch Auge, Ohr, Geschmack, Geruch oder Tastsinn kommt.

Ein häufig zitierter Fall, der gewöhnlich als Beispiel für Räumliches Hellsehen angeführt wird, ist folgender:

[11] Der schwedische Gelehrte Emanuel Swedenborg hatte im September 1759 auf einer Fahrt von England nach Schweden die Reise in Göteborg unterbrochen. Er kam gegen 4 Uhr nachmittag an. Gegen 6 Uhr, als er sich gerade in Gesellschaft von Freunden befand, wurde er plötzlich von starker innerer Unruhe erfaßt und behauptete, die Stadt Stockholm – etwa 500 km Luftlinie von Göteborg entfernt – in Brand zu sehen. Zwei Stunden lang wurde er nun durch aufregende Eindrücke visionärer Art in Bann gehalten. Er wußte genau, wo der Brand entstanden war und wie er sich allmählich in Richtung auf sein eigenes Haus hin ausbreitete. Endlich gegen 8 Uhr soll er erleichtert ausgerufen haben: »Gottlob! Das Feuer ist gelöscht, die dritte Tür vor meinem Haus.« Und es hatte sich in der Tat alles so abgespielt, wie er es hellsehend-wissend innerlich geschaut hatte.

Der Fall, dessen Echtheit verbürgt ist und der zu seiner Zeit viel diskutiert wurde, läßt freilich Zweifel zu, ob es sich hierbei wirklich um Hellsehen oder aber um Telepathie gehandelt hat. Denn der Brand wurde ja in Stockholm von vielen Menschen, die auch Swedenborg kannten, miterlebt. Es wäre also nicht auszuschließen, daß einige von ihnen ihr Wissen um den Brand, bewußt oder unbewußt, auf den abwesenden Swedenborg übertragen haben. In diesem Falle wäre also Telepathie in Betracht zu ziehen. Auf alle Fälle war es eine eindrucksvolle ASW. Daß übrigens Swedenborg wirklich die Gabe des räumlichen Hellsehens besaß, beweist folgender Fall, bei dem kaum Telepathie anzunehmen ist:

[12] Als sich Swedenborg 1872 einmal zu Amsterdam in einer Gesellschaft befand, soll er sich plötzlich sehr beunruhigt und wie geistesabwesend gezeigt haben. Auf wiederholte Fragen, was er denn habe, sagte er: »Jetzt in diesem Augenblick ist Zar Peter III. in seinem Gefängnis gestorben.« Er gab auch noch die näheren Umstände seines gewaltsamen Todes an. Peter III. war nämlich von seiner Frau, der späteren Katharina II., gestürzt und von Orlow ermordet worden. – Das Hellgesicht Swedenborgs wurde kurz nachher durch Zeitungsnachrichten bestätigt.

Daß es Räumliches Hellsehen wirklich gibt, ist übrigens von Paragnosten[16], auch in Experimenten, wiederholt bewiesen worden. Es mußte nur jede Möglichkeit von Telepathie dabei ausgeschlossen werden. Hellseher konnten z. B. Schriftstücke, die in Kuverts gut verschlossen waren, und von deren Inhalt sie und andere unmöglich Kenntnis hatten, fehlerlos »lesen«, oft sogar Briefe in fremden Sprachen, die sie selbst gar nicht beherrschten. Verwiesen sei hier auf Versuche mit dem Hellseher Kordon-Veri oder auf Experimente, die der Parapsychologe Dr. Tischner[17] durchführte und die gute Ergebnisse erbrachten. Natürlich mußte hierbei verhindert werden, daß der Inhalt der Schriftstücke irgendwem bekannt war, um eine telepathische Übertragung auf das Medium von vornherein auszuschließen.

2. *Hellsehen in die Vergangenheit*

Diese Form des Hellsehens ist speziell in der Variante *Psychometrie*, auch *Psychoskopie* genannt, eines der rätselhaftesten ASW-Phänomene. Die Psychometrie befähigt nämlich den Hellseher, bloß durch Berührung oder Betasten eines Gegenstandes (z. B. eines Fotos, eines Briefes oder Kleidungsstückes) ein paranormales Wissen zu erhalten, u. zw. sowohl über den

Besitzer dieses Gegenstandes – sei er lebend oder tot – wie aber auch über oft sehr komplizierte Geschehnisse, Widerfahrnisse, die mit dem Besitzer in irgendeinem Zusammenhang stehen oder auf ihn Bezug haben. Das Erstaunliche ist, daß der Hellseher (in diesem Fall auch Psychometer oder Psychoskopist genannt) gleichsam die »Geschichte« des Gegenstandes und das Schicksal seines Besitzers im Zusammenhang mit diesem Gegenstand miterlebt. Der Gegenstand aktiviert gewissermaßen die ASW-Fähigkeit des Psychometers. Im folgenden sollen dies psychometrische Erfahrungen des Paragnosten Johann Kele verdeutlichen.

[13] Eines Tages war an die Lebensrettungsabteilung der Budapester Polizei die Anzeige ergangen, die Lehrerin Ida M. sei aus ihrer Wohnung in der Bajnok-utca spurlos verschwunden. Einige Tage später meldete sich eine Bekannte der Lehrerin und brachte eine Postkarte, die ihr Ida M. aus Losonc in der Slowakei geschrieben hatte, mit folgendem Text: »Hier schicke ich Euch meine Sachen. Ich verreise. Ich komme nicht wieder zurück. Es ist alles aus. Gott behüte Euch!« Die Sache war rätselhaft, weil die Vermißte keinen ungarischen Reisepaß gelöst hatte, also schwarz über die ungarische Grenze gelangt sein mußte. Kele erhielt die Karte zur Auswertung. Zuerst stellte er fest, daß Ida M. ihre Budapester Wohnung im Zustand seelischer Zerrüttung verlassen habe. Sodann gab er Einzelheiten ihres Fluchtweges an und bezeichnete schließlich auf einer Touristenkarte der Tatra ganz genau die Stelle, wo sich die Lehrerin in einem Anfall schwerster Depression in einen Abgrund gestürzt haben müsse. Diese Feststellungen, die Kele bloß durch Abtasten der Postkarte von Ida M. machen konnte, wurden den tschechoslowakischen Behörden zur Kenntnis gebracht. Sofort angestellte Nachfor-

schungen führten jedoch zu keinem Ergebnis, da wegen großer Schneefälle das Gebirge nicht gründlich durchsucht werden konnte. Einige Monate später aber bestätigte sich die Richtigkeit der Ortsangabe Keles. Die Leiche wurde jetzt von einer Polizeistreife in einer Schlucht der näher bezeichneten Gegend gefunden.

[14] Im Jahr 1929 erwarb das Leipziger Kunstgewerbemuseum bei einer Auktion in Berlin den von der sowjetischen Regierung angebotenen Gobelin »Die Schule von Athen«. Ehe das kostbare Stück in Leipzig aufgehängt werden konnte, sollte es durch Sachverständige restauriert werden. Hierbei stellte eine bekannte Autorität für Gobelinarbeiten merkwürdige braune Flecken und Spuren von Einstichen im Teppich fest. Man konnte sich diese Beschädigungen, die möglicherweise auf gewaltsame Einwirkungen, vielleicht sogar auf einen Kampf schließen ließen, nicht erklären. – J. Kele lebte damals in Leipzig, wo er u. a. von Geheimrat Prof. Hans Driesch, dem bekannten Parapsychologen, auf seine paranormalen Fähigkeiten hin getestet wurde. Jemand brachte J. Kele ins Museum, hier sollte er, ohne daß er vorher irgendwelche Hinweise auf die Herkunft des Teppichs bekam, seine Eindrücke, die er von ihm erhielte, wiedergeben. Und nun kam es zu einer erstaunlichen Rekonstruktion der Vorgänge, die sich um den Teppich einmal abgespielt haben. Kele spürte sofort, daß die braunen Flecken daran und auch die Spuren einer vermutlich in den Gobelin verkrampften menschlichen Hand auf einen Kampf zurückgingen, den er in seinen einzelnen Phasen nun miterlebte und beschreiben konnte. Zuerst sieht er den Gobelin an einer Zimmerwand hängen, davor einen kleinen runden Tisch, an dem ein Mann sitzt und Karten legt. In der näch-

sten Szene erkennt er einige Männer, die durch einen hinter dem Teppich liegenden Raum heranschleichen und schließlich in das vordere Zimmer eindringen und den Mann am Tisch überfallen. Es kommt zu einem Handgemenge, in dem der Mann niedergeschlagen wird und eine Stichwunde an der Schulter erhält. In seiner Angst, die Kele heftig nachempfindet, verkrampft er sich im Teppich mit der blutenden Rechten, reißt ihn dabei von der Wand und wird von ihm zugedeckt. Nun stechen die Eindringlinge durch den Teppich auf ihn ein.

Nachforschungen sollen ergeben haben, daß es sich bei dem rekonstruierten Kampf um das Attentat auf Zar Paul I. im Jahr 1801 gehandelt hat.

Zum Wesen der Psychometrie sind verschiedene Theorien entwickelt worden. Die bekannteste ist die »Imprägnationstheorie«, nach der das psychometrische Objekt, auch Leitgegenstand oder Induktor genannt, Spuren seelischer Eindrücke an sich trägt und diese den Psychometer, also das psychometrische Medium, zu seinen rückschauenden außersinnlichen Wahrnehmungen anregt. In unseren beiden Fällen würde dies heißen, daß die Postkarte der vermißten Lehrerin Ida M. bzw. der Gobelin als Leitgegenstände unverwischbare Spuren von Emotionen – im Fall der Ida M. Spuren der Erregung vor ihrem Selbstmord, im anderen Fall Spuren des mörderischen Kampfes im Zarenpalast – an sich haben, Eindrücke, die genügten, in Kele die Fähigkeit der zeitlichen Rückschau zu erwecken und ihn so alle Phasen der beiden Dramen wieder erleben zu lassen.

Prof. Hans Holzer, New York, der in jahrelanger Zusammenarbeit mit höchst sensiblen paranormal begabten Medien Erfahrungen auf dem Gebiet der ASW gesammelt hat, sieht in der

Psychometrie nichts Wunderbares. Er sagt: »Erklären können wir uns diese Fähigkeit dadurch, daß Menschen eine Art Film ihrer vergangenen Gedanken, Handlungen, Gemütsbewegungen und Vorstellungen auf Gegenständen hinterlassen, die sie berühren, mit denen sie umgehen, die sie am Körper tragen oder mit denen sie sonst irgendwie in Kontakt kommen.«[18] Der »Film« muß vom Medium nur richtig gesehen und gedeutet werden.

Eine andere Form der Psychometrie ist die zeitliche Rückschau, bei der eine Räumlichkeit anstatt eines Gegenstandes die Rolle des Auslösers spielt. Sensitive Menschen haben oft ein feines Gespür für die Vergangenheit bestimmter Lokalitäten. So hat Johann Kele einmal bei seinem ersten Besuch in einem alten Wohnhaus eine bestimmte Zimmerecke als »krankhaft unheimlich« empfunden, weil dort nach seiner Feststellung einmal eine Frau nach langem Siechtum qualvoll gestorben sei. Eine Nachforschung ergab dann, daß sich seine Empfindung nicht getäuscht hatte.

Man sieht, wie vielseitig die Fähigkeiten der menschlichen Seele sind und wie schwierig es manchmal ist, sie zu deuten.
Noch schwieriger scheint dies im Fall der zeitlichen Vorschau zu sein, mit der wir uns nun befassen wollen.

3. *Hellsehen in die Zukunft: die Präkognition*

Vom Hellseher wird in diesem Fall etwas »gesehen«, erfahren oder außersinnlich wahrgenommen, das noch nicht ist und dann tatsächlich eintritt. Das uns Widersinnig-Erscheinende ist, daß etwas wahrgenommen wird, das noch keine Realität hat.
Der erste nun folgende Fall ist im eigentlichen Sinne keine echte Präkognition, die im deutlichen Vorauserkennen einer Situation

besteht; er beruht vielmehr auf einer dunklen Ahnung, die nachher in überraschender Weise realisiert wird.

[15] Die junge Gräfin Agnes Lankowska wuchs im Schloß der Familie Radzivill in Galizien auf. Sie hatte eine unerklärliche Scheu vor der großen Eingangstür zum Festsaal des Schlosses. Später erklärte sie einmal, sie habe Furcht vor dem Gemälde über der Tür, einer Darstellung der Sibylle von Cumae. »Der Prinz sah in ihrer Furcht Torheit und Laune; als Agnes aber in Krämpfe verfiel, sobald sie gezwungen wurde, durch die Tür zu gehen, gestattete er ihr schließlich, einen anderen Eingang zu benutzen. – Völlig erwachsen, zwang sie sich eines Tages selbst, an der Seite ihres Verlobten wieder die gefürchtete Schwelle zu überschreiten . . ., doch mitten auf der breiten Schwelle blieb sie stehen und wollte umkehren. Rasch wurde die Tür hinter ihr geschlossen. Da klammerte sie sich an den Türpfosten und schrie, daß sie in Lebensgefahr schwebe. In diesem Augenblick stürzte das große Bild herab, und der schwarze Rahmen zerschmetterte ihren Kopf.«[19]

Was die junge Gräfin verspürte, ohne es in Worte fassen zu können, etwas, von dem sie in der Tiefe ihrer Seele wußte, daß es mit der Tür oder dem Gemälde darüber zusammenhing: es mußte sich erfüllen, weil es bestimmt seit langem durch eine Ursache, vielleicht durch den schadhaften Haken des Bildes oder durch etwas anderes, bedingt war. Die Gräfin hat das sich vorbereitende Übel paranormal erkannt, ohne sagen zu können, worin es bestand. Aber sie hat es richtig mit der Tür in Zusammenhang gebracht. – Hier stellt sich uns die Frage, ob die junge Dame nicht hätte gerettet werden können, hätte sie die Schwelle nicht überschritten.

Die folgenden Beispiele verdanken wir der bekannten Hellseherin Jeane Dixon, USA (die übrigens deutscher Herkunft ist).

[16] Schon in ihrer Kindheit war J. D. durch ihre außergewöhnliche Hellsehbegabung aufgefallen. Das Erstaunliche ist die Treffsicherheit ihrer Voraussagen. Im Jahr 1952 hatte sie während eines Gottesdienstes eine Zukunftsvision, über die dann 1956 auch in der Presse berichtet wurde. In dieser Vorschau erschien ihr die Zahl 1960, die Gestalt eines jungen Mannes, brünett und mit blauen Augen, außerdem das Weiße Haus und darüber eine schwarze Wolke. Das Bild deutete sie so: Der junge Mann würde 1960 als Präsident der USA ins Weiße Haus einziehen, seine Regierung aber von einem Unheil überschattet werden. – Diese Vision erfüllte sich, wie wir wissen; der junge Mann war J. F. Kennedy, der 1960 zum Präsidenten gewählt wurde.

[17] Der gewaltsame Tod des zukünftigen Präsidenten wurde von J. Dixon aber bereits 1956 vorausgesagt. Sie wußte schon damals auch, daß die Wahlen von 1960 von einem Demokraten und keinem Republikaner gewonnen würden, was sich ja später ebenfalls bewahrheitete.

[18] Im Laufe des Jahres 1963 verstärkte sich in Jeane Dixon das Wissen um das drohende Unheil für Kennedy, denn die schwarze Wolke, die sie schon 1952 gesehen hatte, legte sich immer drohender um das Weiße Haus und um den Präsidenten. Es war am 22. November 1963, als J. Dixon in einer fröhlichen Damengesellschaft im Hotel Mayflower in Washington plötzlich unruhig wurde und auf die Frage, was sie denn habe, erklärte: »Ich bin so unruhig – dem Präsidenten wird heute etwas Schreckliches

passieren!« Und leider hatte sie recht, denn schon kurze Zeit nachher verbreitete sich, nicht nur in den USA, die Schreckensnachricht, daß Kennedy das Opfer eines Attentats geworden war.

All die erwähnten Voraussagen von J. D. erfüllten sich haargenau, es waren echte paranormale Leistungen, die anders als durch Präkognition nicht erklärt werden können. Jeder Versuch, hier etwa die Telepathie als Erklärung ins Spiel zu bringen, ist aussichtslos. Denn sie hatte die Ereignisse jeweils lange vor ihrem Eintreffen vorausgesehen.
Mit ähnlicher Sicherheit hatte sie übrigens schon im Spätherbst 1944 vorausgesagt, daß Roosevelt innerhalb von sechs Monaten sterben würde, was dann auch richtig im April 1945 eintraf.

Der Tod eines Menschen kann sich einem Hellsichtigen manchmal Tage vorher durch ein Symbol, etwa einen Sarg, ankündigen, wie im folgenden Fall:

[19] Frau B. war bei Tochter und Schwiegersohn in Berlin zu Besuch. Gleich am ersten Tag nach ihrer Ankunft wollte sie ihrer Tochter einen Gefallen tun und in einem, ihr näher beschriebenen Geschäft, unmittelbar neben dem Wohnhaus, etwas einholen. Wie von einer unwiderstehlichen Macht wurde sie aber, kaum auf der Straße, auf die andere Seite zu einem großen Schaufenster hingezogen. Sie stellte sich davor und bemerkte plötzlich vor sich im Fenster einen offenen Sarg und darin ihren Schwiegersohn aufgebahrt, mit einem Strauß roter Rosen in den Händen. Sie wurde von solchem Schrecken erfaßt, daß sie für einen Augenblick ihr Bewußtsein verlor. Passanten nahmen sich ihrer an, aber sie erholte sich wieder und konnte ihren kleinen Einkauf besorgen. Ihr Erlebnis gab sie natürlich ihren Kindern nicht preis. Da sie aber um ihre starke, nie versagende mediale Begabung wußte, hatte das Erlebnis für sie einen sie äußerst beunruhigenden Wahrheitsgehalt. Zwei Tage später nahmen sie ihre Kinder ins Theater mit. Es war an sich ein guter Tag gewesen, nichts deutete auf irgendwelche Überraschungen hin. Während der Aufführung aber wurde der Schwiegersohn plötzlich von einem Übelsein befallen und mußte sofort nach Hause geschafft werden, wo er kurz darauf starb. – Zwei Tage später sah ihn Frau B. aufgebahrt in einem offenen Sarg, mit roten Rosen in den Händen . . .

Unvermittelt drängt sich in diesem Fall die Frage auf, ob der Schwiegersohn nicht etwa durch irgendwelche Anzeichen eine drohende Erkrankung bereits zu erkennen gab, etwa durch Symptome, die sonst niemandem erkennbar waren, die aber dennoch der sehr medialen, sensitiven Schwiegermutter, wenngleich ihr unbewußt, nicht verborgen blieben. Vielleicht besaß sie auch die unerfreuliche Gabe der Nekroskopie, d. i. Vorauserkennen des Todes anderer Menschen.[20]

In anderer Weise sollte sich der Tod im folgenden Beispiel ankündigen:

[20] Gustav Schwab, bekannt durch Nacherzählungen deutscher Volksbücher und Sagen, machte Ende September 1840 mit seiner ältesten Tochter und seinem jüngsten Sohn eine Reise nach Heidelberg, um ihnen die Ruinen des Schlosses zu zeigen. Er ließ dann seinen Sohn bei Bekannten zurück und fuhr nach Trier, in der Absicht, den Jungen auf der Rückfahrt wieder mitzunehmen. – Am 7. Oktober während der Rückfahrt wurde er jedoch von einer bösen Ahnung erfaßt. Müde fiel er in Schlummer und als

er erwachte, sah er auf dem aufgeschlagen in seinem Schoß liegenden Notizbuch die Worte »Schwab, † 14. Oktober«. Er war zutiefst bestürzt. Doch bei nochmaliger Betrachtung des Notizbuches war die Seite leer. Zuerst dachte er an den eigenen Tod; immer mehr verstärkte sich jedoch in ihm die Befürchtung, die mysteriöse Schrift im Notizbuch könnte sich auf seinen in Heidelberg zurückgelassenen Sohn beziehen. Und tatsächlich sollte sich seine Ahnung erfüllen. Der Junge war in seiner Abwesenheit schwer erkrankt und starb trotz ärztlicher Behandlung am 14. Oktober.

Das Wissen um den Tod des Sohnes hatte sich durch das blitzartige Erscheinen der Schrift im Notizbuch des Vaters, vergleichbar anderen visionären Erscheinungen, vorübergehend gleichsam sichtbar materialisiert. Immer werden wir uns von neuem der außergewöhnlichen Bildekräfte der menschlichen Seele bewußt.[21]

Das folgende Beispiel eines eindrucksvollen Warntraumes finden wir in der Sammlung »Träume sind keine Schäume – Erfahrungen und Erkenntnisse aus unserer Zeit« von Pfarrer Wilhelm Horkel:

[21] Das Mädchen Brigitte Masson, Schülerin eines Pariser Mädchengymnasiums, hatte in der Nacht des 10. Dezember 1972 einen unheimlichen Traum. Sie sah ihre Schule in Flammen stehen und Eltern von Mittschülerinnen weinend vor 23 Särgen. Innerhalb von zwei Wochen hatte sie den Traum noch zehnmal. Immer sah sie 23 Särge und hörte die Sirenen der Feuerwehr. Zwischen Weihnachten und Neujahr warnte sie die Direktorin, fand aber bei ihr keinen Glauben. Mehrmals versuchte sie, auch ihre Lehrer und Kameradinnen zu warnen. »Umsonst – außer ihren Eltern glaubte ihr niemand. Und dann geschah es: Am 6. Februar 1973 brach im Gymnasium ein Feuer aus, das sich in Sekundenschnelle ausbreitete. Vierzig Schülerinnen und sieben Lehrer, die im Obergeschoß musizierten, waren den Flammen ausgeliefert. Ein Teil der Eingeschlossenen wurde mit schweren Brandverletzungen gerettet. Doch kurz nach Sonnenuntergang standen 23 Särge vor der völlig ausgebrannten Schule.«[21a]

Es ist ein seltener Fall, daß sich ein Warntraum mit solcher Eindringlichkeit so oft wiederholt. Schon aus diesem Grund hätte man ihn ernst nehmen müssen. Sicherlich hätte durch entsprechende Vorsichtsmaßnahmen der Schule die Katastrophe entweder ganz abgewendet oder zumindest stark eingedämmt werden können. Und damit stellt sich für uns neuerdings die ernste Frage, ob eine Präkognition durch eine rechtzeitige Intervention verhindert werden kann. Daß dies tatsächlich möglich ist, hat Louisa Rhine durch eine von ihr zusammengetragene Sammlung von Beispielen verhinderter Voraussagen beweisen können. In einer ihrer Fallgeschichten erzählt ein Arbeiter:

[22] »Als ich ungefähr 19 Jahre alt war, erhielt ich eine Arbeit, nach der ich schon ein Jahr gesucht hatte. In der Nacht vor dem Antritt meiner Stellung als Heizer in einem Dampfkraftwerk träumte ich dreimal dasselbe: eine Dampfexplosion, in der ich aus dem Gebäude geschleudert wurde und im Hospital starb. Ich nahm die Arbeit nicht an. Aber ungefähr eine Woche später geschah das Unglück. Der Mann, der dann meine Stellung angenommen hatte, wurde aus dem Gebäude geschleudert und starb.«

Der Mann wird also tatsächlich auf Grund des Warntraumes durch eine rechtzeitige Entscheidung, eine sogenannte Intervention, gerettet; vielleicht hätte auch die Explosion, die wahrscheinlich auf einen technischen Fehler an dem Dampfkessel zurückzuführen war, verhindert werden können, hätte die betreffende Firma den Traum gekannt und daraus die notwendigen Konsequenzen gezogen, d. h. die Kesselanlage auf eventuelle Schäden hin untersuchen lassen. Dies ist allerdings eine nicht beweisbare Vermutung.[22]

Sehr zu denken gibt uns auch folgender Traum, den der aus Troppau stammende Dichter Hans Klingen einst hatte:

[23] »Ihm träumte, bei einer Geburt zugegen zu sein, bei der der Kindesleib zerstückelt zur Welt kommt – zuletzt der blutige Kopf. Der Traum war so realistisch und so gänzlich unerwartet, daß Klingen, in Schweiß gebadet, voll Schrecken erwachte und sich den Traum nicht zu deuten wußte . . .« Kurz nachher kehrte er in seine Vaterstadt zurück, lernte dort eine reizende junge Adelige kennen und heiratete sie. Einige Monate später erwartete die Frau ein Kind; »allein in diesem Zustand machte sie in ihrem Garten einen Fall, welcher aber genügte, die Geburtswehen vorzeitig hervorzurufen«. Und nun kam es zu einer schweren Operation, bei der sich der Traum, der seinerzeit Klingen so erschüttert hatte, haargenau erfüllte. »Das Kind kam zerstückelt zur Welt, zuletzt der blutige Kopf.«[23]

Hier handelt es sich um einen Wahrtraum, bei dem jeder Versuch, ihn anders denn als Präkognition erklären zu wollen, versagen müßte. Er war die Voranzeige einer offenbar schicksalhaft vorausbestimmten, anscheinend unabwendbaren Tragödie, jedenfalls in den Augen eines außenstehenden Betrachters. Ob es wirklich eine unabwendbare Tragödie war, können wir freilich aus unserer Sicht und ohne Kenntnis der Umstände, unter denen sich die Tragödie anbahnte, nicht beurteilen.

Es ist verständlich, daß die Auffassung oder der Glaube, eine Präkognition müßte sich unter allen Umständen erfüllen, beunruhigend ist. Denn wenn dem so wäre, würde dies heißen, daß unsere Zukunft schon in allen Einzelheiten feststeht und wir keine Chance mehr haben, mit unserem Willen in das zeitliche Geschehen einzugreifen, also gegebenenfalls auch ein angekündigtes oder sich anbahnendes Unheil, soweit es von uns abhängt oder überhaupt beeinflußt werden kann, abzuwehren. Sicherlich haben die Parapsychologen recht, die davon ausgehen, daß jedem Ereignis ein ideeller Plan zugrunde liegt, also jedes Geschehnis auf Ideen, ja, Gesetzen beruht, und der Mensch in jedem Fall, wenn er nur richtig kalkuliert, imstande ist, das ideelle Konzept durch eine persönliche Intervention abzuändern. Nach dieser Auffassung scheint es also sehr wohl ein individuelles Rahmenprogramm für uns alle zu geben; unsere Aufgabe besteht nur darin, den uns zugestandenen Rahmen nach bestem Wissen und Gewissen auszufüllen und in Ereignisse, die sich darin anbahnen, eventuell lenkend einzugreifen, ja, sie sogar zu verhindern, wenn es die Umstände erlauben. Vorauswissen kann eine Warnung sein, die man ernst nehmen sollte.

Telepathie und Hellsehen beweisen allein noch nicht das Überleben des Todes, aber als Stufen zu unserem Ziel sind sie für uns unerläßlich, denn sie lassen uns ahnen, wenn nicht sogar erkennen, daß eine so tief und reich angelegte Seele wie die des Menschen, die zu geistigen Flügen über Raum und Zeit befähigt ist und Unsichtbares wie Künftiges und Vergangenes wahrnehmen kann, unmöglich in der Materie dieser Erde wurzelt, daß sie vielmehr ein Geschenk des Himmels ist und dazu berufen scheint, dahin wieder zurückzukehren.

6. KAPITEL

Der Seelen- oder Geistleib – Sein Austreten aus dem Körper – Doppelgänger – Bilokation

Wie wir wissen, hat der Mensch außer seinem physischen einen geistig-seelischen Leib, für den es verschiedene Namen gibt. Die bekanntesten sind: Seelen- oder Geistleib, Astral-, Fluidal- und Energiekörper. Da man sich in ihm das »Ich« des Menschen denkt, wird er gelegentlich auch als Ichkörper bezeichnet. Paracelsus nannte ihn corpus subtile.
Dieser Seelen- oder Geistleib – Paulus nennt ihn übrigens »geistlicher« Leib – kann sich, wie bereits ausgeführt, schon zu Lebzeiten des Menschen von dessen Körper trennen, bleibt aber mit diesem durch eine nur medialen Menschen sichtbare, silbern glänzende »Schnur« verbunden, so daß er sich jederzeit dem Körper wieder einverleiben kann.

Den Vorgang des »Aus-dem-Körper-Tretens«, den man häufig feststellen konnte, nennt die Wissenschaft Separation, Exkursion oder Hinausversetzung (= Exteriorisation). Entfernt sich das Ich vom Körper auf größere Distanz, so spricht man von Astralwanderung. Mit dem feinstofflichen Seelenleib wird das Wahrnehmungs-, Empfindungs- und Bewegungsvermögen ausgeschieden und gleichsam vorübergehend verselbständigt. Der physische Körper bleibt bei einer solchen Hinausversetzung des Ich wie tot zurück, während sich die von ihm getrennte geistig-seelische Substanz wegbewegt. Die Separation ist ein schlagender Beweis dafür, daß sich die menschliche Psyche (etwa in der Narkose, im Koma, bisweilen auch im Schlaf) leibfrei machen kann, wie im Sterben, nur mit dem Unterschied, daß der Körper weiterlebt, weil er ja noch durch die Silberschnur, dieses lebensnotwendige Astralband, mit der Seele verbunden ist. An guten überzeugenden Beispielen für Separation od. Exkursion fehlt es in der großen parapsychologischen Literatur nicht. Eines davon entnehmen wir dem Buch »Leben nach dem Tod?« von Nils-Olof Jacobson:

[24] »Als ich mein zweites Kind bekommen hatte, erlebte ich folgendes in der Entbindungsanstalt: Ich lag im Bett und war ganz entspannt. Der Körper blieb sozusagen im Bett zurück, während mein anderes Ich (oder die Seele) den Körper verließ. Die Seele (oder ich) saß währenddessen an der Decke fest. Von da konnte ich auf die anderen Wöchnerinnen herabschauen. Dann sah ich, daß die Ärzte in den Saal kamen. Nun galt's, schnell hinunter zu kommen. Ich mußte mich in den Körper hineinzwingen. Ich schaffte es gerade rechtzeitig, bevor die Ärzte an mein Bett kamen. Sie glaubten mich in tiefem Schlaf.«[24]

Diese laienhafte Schilderung einer unerwarteten Separation ist recht anschaulich und läßt erkennen, daß die Berichterstatterin, der wahrscheinlich die Möglichkeit eines Ich-Austritts aus dem Körper nicht ganz unbekannt war, den Sachverhalt aus ihrer Sicht möglichst genau wiederzugeben versucht. Die Vorstellung, daß sie sich in den Körper »hineinzwingen« mußte, entspricht nicht ganz dem Vorgang der Wiedervereinigung des Seelenleibs mit dem Körper. Der Wiedereintritt erfolgt nämlich ganz von selbst, wenn er vom Ich gewünscht wird oder wenn dies die Umstände erfordern. Er kann aber, vor allem wenn es sich hier um ein erstes derartiges Erlebnis handelt, als »Schock« oder Zwang empfunden werden.

Einen hierher passenden Fall erzählt Prof. Dr. W. H. C. *Tenhaeff*, der Nestor der europäischen Parapsychologie, aus seiner Praxis als Psychiater:

[25] »Vor Jahren besuchte mich einmal ein etwa 15jähriger Schüler, der mich auf Anraten seiner Lehrer über einige Erfahrungen befragte, die er kurz zuvor wiederholt gehabt hatte und die ihn sehr beunruhigten. Aus meinen gründlichen Erhebungen ergab sich, daß der junge Mann vorher nie von Exkursion gehört oder gelesen hatte. Was er mir erzählte, kommt kurz auf folgendes hinaus:
Einige Nächte hintereinander war er – um seine eigenen Worte zu gebrauchen – zu seiner Bestürzung ›außerhalb seines Körpers‹ aufgewacht. Es war ihm zumute, als schaute er aus einem Punkt im Raum auf diesen Körper hinab. Dabei ergriff ihn ein Gefühl des Entsetzens, weil er es sich nicht anders erklären konnte, als daß er gestorben sei. Diesen Erfahrungen folgte immer ein ›Erwachen‹ im Körper mit der Erinnerung an das Erlebte.«[25]

In beiden Fällen der Projektion spielt sich ungefähr das gleiche ab. Auffallend ist nur, daß die Wöchnerin bei ihrem Austrittserlebnis offenbar keine beunruhigenden Gefühle hatte, während der Junge von »Entsetzen« ergriffen wurde. Das ist damit zu erklären, daß die Frau von Separationen bestimmt schon gehört hatte, der Junge aber nicht.
Spontane Separationen des feinstofflichen Seelenkörpers können unter Umständen zu sog. Astralwanderungen führen, d. h.

das Ich wird sich des Vorgangs der Trennung bewußt, kann ihn sogar in seinem Ablauf beobachten und begibt sich dann vom eigenen Körper weg in die nähere oder weitere Umgebung seiner gewohnten Wohnstätte. Der Austritt aus dem physischen Körper kann völlig überraschend im tiefen Schlaf oder in Bewußtlosigkeit, etwa unter dem Einfluß schwerer Betäubungsmittel, aber auch im Zustand von Entspannung erfolgen. Ein gutes Beispiel hierfür stellt der gutbelegte Fall von Dr. Wiltse dar, der den Vorzug hat, auch in medizinischen und psychologischen Fachzeitschriften beschrieben worden zu sein. Die Selbstdarstellung des Arztes entnehme ich dem Buch »Die Aussendung des Astralkörpers« von Sylvan J. *Muldoon*:

[26] »Mit all der Aufmerksamkeit eines Arztes sah ich die Wunder meiner Körperbeschaffenheit, meines Körpers, mit dem ich Zoll um Zoll engverbunden war, ich selbst die lebendige Seele dieses toten Körpers . . . Ich beobachtete den fesselnden Vorgang der Trennung von Seele und Körper. Durch irgendeine Kraft, offensichtlich nicht meine eigene, wurde mein Ich (mein Astralkörper) hin und her ›geweht‹, nach den Seiten, wie eine Wiege geschaukelt wird, wodurch seine Verbindung mit dem Körper unterbrochen wurde. Nach einer kleinen Weile hörte diese Bewegung auf, und an den Sohlen der Füße, mit den Zehen beginnend, dann schnell zu den Absätzen übergehend, fühlte und hörte ich, wie es schien, das Zerreißen zahlloser kleiner Fäden. Als dies zu Ende war, begann ich mich langsam von den Füßen aus nach dem Kopf zu aus meinem Körper herauszubewegen, wie sich eine Gummischnur verkürzt. Als ich aus dem Körper heraustieg, schwebte ich auf und ab und nach den Seiten wie eine Seifenblase . . ., bis ich mich schließlich ganz von dem Körper trennte und leicht auf den Boden fiel, wo ich mich langsam erhob und mich zu der vollen Größe ... ausdehnte. Ich schien durchsichtig zu sein, von einer bläulichen Färbung und ganz nackt.«[26]

Dr. Wiltse schildert dann seine interessanten Eindrücke und Erlebnisse während seiner Wanderung bis zur Wiedervereinigung mit seinem Körper. Dieser Fall ist deshalb so bemerkenswert, weil er den Vorgang einer spontanen Loslösung der Persönlichkeit, des Ich, vom Körper in allen Phasen genau beschreibt.

Wird der ausgetretene Astral- oder Ichkörper von anderen Menschen gesehen und benimmt er sich – etwa beim Gehen auf der Straße – genau so natürlich wie sein körperliches Gegenstück im Normalzustand, dann spricht man vom Phänomen des *Doppelgängers* oder von einer *Bilokation.*

Bilokation – d. h. Erscheinen an zwei Orten – ist oft nachgewiesen worden, speziell im Leben von Mystikern, Heiligen und Stigmatisierten.

Der Pfarrer von Konnersreuth, Josef Naber, hat über sein bedeutendstes Pfarrkind, die Stigmatisierte Therese Neumann, genaue Aufzeichnungen geführt und darin auch über Bilokationen berichtet:

[27] »Ein mir gänzlich Unbekannter erzählte mir gestern, er sei samstags infolge unerträglich erscheinender moralischer und wirtschaftlicher Not darangewesen, sich selbst das Leben zu nehmen. Da plötzlich sei Therese Neumann vor ihm gewesen und habe ihn gewarnt und dadurch vor dem Selbstmord bewahrt«.[27]

[28] Aus einem eigenen Bericht Thereses an Pfarrer Naber geht folgendes hervor:

Ein Geistlicher habe ihr einmal geschrieben, er sei beim Zelebrieren einer hl. Messe sehr gleichgültig gewesen, auch habe er »Meßstipendien unterschlagen und mit einer Lehrerin ein sündhaftes Verhältnis gehabt«. Da habe er während der heiligen Handlung »die Therese vor sich sitzen sehen, bitterlich weinend, wie sie sich eben die Tränen mit einem Tuche abwischte, wobei er auf der nichtverdeckten Hand das Wundmal gesehen habe. Das habe ihn so ergriffen, daß er sich kaum mehr habe halten können«. Er sei dann ohne Gebete, also überstürzt, in die Sakristei gegangen und habe sich niedersetzen müssen. »Darauf habe er sich entschlossen, mit seinem bisherigen Leben zu brechen.«[28]

In zahlreichen Fällen ist auch der bekannte stigmatisierte Kapuzinermönch Padre Pio von San Giovanni Rotondo in Süditalien († 1968) an zwei Orten gleichzeitig, ob in Italien oder im Ausland, gesehen worden, obzwar er sein Kloster von 1918 bis zu seinem Tod nie mehr verlassen hat. Dem Buch »Pater Pio« von Lucie Schnepp[29] entnehmen wir folgenden Fall (gekürzt wiedergegeben):

[29] Dem Generalvikar der Diözese von Salto in Paraguay, Msgr. Damiani, hatte Pater Pio einmal bei einem Besuch versprochen, ihm in der Todesstunde beizustehen. Es vergingen Jahre. Gelegentlich eines Jubiläums des Erzbischofs von Salto waren viele bischöfliche Würdenträger in dieser Stadt versammelt und verbrachten hier auch die Nacht. – »In der Nacht hörte der Erzbischof von Montevideo ein Klopfen an der Tür. Ein unbekannter Kapuziner trat ein und sagte: ›Gehen Sie zu Msgr. Damiani, der im Sterben liegt!‹ Der Erzbischof benachrichtigte einige Priester und sie eilten zu Msgr. Damiani, der mit einem Anfall von Angina pectoris kämpfte. Sie spendeten ihm das Sakrament der Krankenölung, das er mit großer Andacht empfing. Auf seinem Nachttisch fanden sie einen Zettel, auf dem mit sichtbarer Schwäche die Worte geschrieben waren: ›Padre Pio ist gekommen‹.« Der Erzbischof von Montevideo wollte sich später vergewissern, ob Padre Pio tatsächlich bei Damiani erschienen war. Gelegentlich eines Besuches in Italien machte er auch einen Abstecher nach San Giovanni Rotondo und erkannte dann in Padre Pio sofort den Kapuziner, der ihn ans Sterbebett von Damiani gerufen hatte.

Einen Fall von selbsterlebter Bilokation erzählte mir Ursula v. d. S., ein sehr sensitives Mitglied eines parapsychologischen Arbeitskreises:

[30] Sie hatte während ihrer Münchner Studienjahre viel im Hause der Familie v. P. verkehrt und sich mit den Geschwistern Marie-Luise und Otto befreundet. Während des Krieges war sie in Berlin und erhielt nur noch gelegentlich Nachricht aus München. Aber als diese immer seltener wurden, nahm ihre Sorge um ihren Jugendfreund, der inzwischen eingezogen worden war, zu. Im Geiste ging sie eines Tages – wie ehedem in vergangenen Jahren – die bekannte Straße zur Wohnung der Familie v. P. »Kurz darnach«, so die Berichterstatterin, »erhielt ich einen Brief meines Freundes, der darin bedauerte, daß er bei meinem Besuch nicht zu Hause gewesen sei. Das Mädchen, das mir aufgemacht habe, hätte ihm meine Grüße übermittelt. Eine Adresse hätte ich leider nicht angegeben, nur gesagt, er würde mich ja zu finden wissen. So glaube er mich wieder in Berlin und hoffe, daß es mir gut gehe . . .«

Die Berichterstatterin hatte also, ohne daß ihr dies bewußt wurde, während eines Tagtraums in einer Bilokation materialisiert das Haus ihrer Freunde in München aufgesucht und sich dort wie eine normale Person benommen, sich nach dem Freund erkundigt und Grüße an ihn bestellt. Sie muß einen so natürlichen Eindruck gemacht haben, daß sie als Doppelgängerin gar nicht erkannt wurde.
Was geschieht eigentlich in einer solchen Bilokation? Das Medium, also die Person, die sich einem anderen Menschen bewußt oder unbewußt »verdoppelt« kundtut, sendet sein Ich oder einen Teil seiner seelischen Substanz in Gestalt des Seelenleibes verstofflicht in die Ferne, u. zw. so, daß sich das Doppelwesen bewegen, geistig handeln und reagieren kann. Der Doppelgänger in dieser vollkommenen Ausbildung stellt eines der größten Rätsel der Bildekraft der Seele dar.

Eine vieldiskutierte Doppelgängergeschichte geht auf den evangelischen Erzbischof von Uppsala zurück, der sie während eines Berlinaufenthaltes König Friedrich Wilhelm IV. als eigenes Erlebnis erzählte. Aufgezeichnet wurde sie von dem Schauspieler Franz Wallner, dem Gründer des Wallnertheaters in Berlin, und bestätigt von General v. Gerlach, der Zeuge der Schilderung des schwedischen Gastes gewesen war.

[31] Der Erzbischof begann seine Erzählung mit einem Bericht über eine Reise, die er im dienstlichen Auftrag, begleitet von Regierungsvertretern und einem Arzt, in den hohen Norden Schwedens unternehmen mußte, um sich an Ort und Stelle von den dort immer noch üblichen »abergläubischen« Praktiken ein Bild zu machen und dem ganzen Spuk ein Ende zu bereiten. Während der Reise bis in die Lappmarken war er bemüht, sein Inkognito zu wahren. Als er nach einer sehr anstrengenden Reise das erste Ziel

erreicht hatte, wurde er von einem begüterten Lappen namens Peter Lärdal gastfreundlich aufgenommen, nicht ahnend, daß er ausgerechnet bei einem erfahrenen Meister »geistiger Verwandlungskünste« abgestiegen war. In Wirklichkeit war dieser, wie sich dann herausstellen sollte, ein Naturtalent, das wir heute Medium nennen würden. Da er hellsichtig und telepathisch begabt war, hatte er den Erzbischof bereits erwartet und wußte, wie er am dritten Tag dem Erzbischof gestand, genauestens von dessen Dienstauftrag. Er machte sich sogar erbötig, dem hohen Gast seine Fähigkeiten, die ganz natürlich seien, in einer Aufgabe, die ihm der Erzbischof stellen könne, zu beweisen. Er würde seinen »Geist« an einen beliebigen Ort aussenden, den ihm der Erzbischof angeben könne. Er stellte nur die Bedingung, daß sein Körper, während er sich geistig davon trenne, nicht berührt werden dürfte. Der Erzbischof war damit einverstanden und stellte Lärdal die Aufgabe, sich nach der bischöflichen Residenz zu begeben, dort seine Wohnung aufzusuchen und dann zu berichten, was er dort gesehen habe. – Dem geistlichen Herrn war zwar nicht ganz wohl bei der Sache, aber er verfolgte nun doch mit Interesse die Vorbereitungen, die Lärdal für seine Seelenreise traf. Er holte also eine Pfanne und dürre Kräuter und zündete sie an, um, wie er erklärte, ihren Rauch einzuatmen. Er werde dann einschlafen und eine Stunde unansprechbar sein. Sobald er dann von seiner Seelenreise zurückkehre, werde er wieder erwachen und erzählen, was er in Uppsala erlebt habe. So geschah es denn auch. Als er dann aus seiner kataleptischen Starre erwachte, beschrieb er, sehr zum Erstaunen seines hohen Gastes, dessen Wohnung in Uppsala und fügte hinzu, in der Küche auch des Bischofs Gattin angetroffen zu haben. Sie sei gerade mit der Zubereitung einer Mehlspeise beschäftigt gewesen.

> Zum Beweise dafür, daß er sich wirklich dort aufgehalten habe, gab er an, den Ehering der Frau Bischof, den diese wohl vor ihrer Arbeit abgestreift und beiseite gelegt habe, rasch an sich genommen und in einem Kohlenkorb versteckt zu haben. Dort könne man ihn wieder finden. Der Erzbischof, über diese Erzählung höchst verwundert, schrieb sofort an seine Frau und bat sie um genaue Auskunft darüber, was sie an jenem Tag zur fraglichen Stunde getan habe. Vierzehn Tage später erhielt er von ihr Antwort: Sie erinnere sich sehr gut an jenen Vormittag, denn da habe sie ihren Trauring verloren. Wahrscheinlich aber habe ihn ein Mann in der Tracht der Lappen, der einmal kurz zur Tür hereingeguckt habe, entwendet. – Der Erzbischof ließ nun auch noch im Kohlenkorb nachsehen, und in der Tat wurde dort der Ring gefunden[30].

Die Echtheit des Falles ist nicht anzuzweifeln, denn nicht nur die Person des Erzbischofs als Zeuge und Berichterstatter verdient unseren Glauben, auch die geschilderten Einzelheiten der Separation, die kataleptische Starre des Mediums Lärdal und dessen Selbsterweckung nach Verlauf einer Stunde stimmen mit den sonst bekannten Phasen einer bewußt herbeigeführten *Astralwanderung* durchaus überein. Auch daß Lärdal im Hause des Erzbischofs erschien, dort auch von dessen Frau gesehen wurde, ist nach unseren Kenntnissen nicht absonderlich. Ähnliche Leistungen haben auch andere Astralwanderer vollbracht. Daß er aber auch den Ring der Hausfrau an sich genommen hat und in einem Kohlenkorb verstecken konnte, ist eine an sich schon sehr beachtliche Leistung eines ausgesandten Astralkörpers, sicherlich aber nicht unmöglich.
Es gibt nur wenige Menschen, die sich bewußt in die Separation begeben, vom Körper lösen und dann über ihre gewohnte Umgebung hinaus auf eine *Astralreise* gehen können. Versuche in

dieser Richtung sind nicht ohne Gefahr, weniger für die Gesundheit als für die Seele. (Kaum gefährdet sind hier aber wohl mediale Naturbegabungen, für die Exkursionen kein außergewöhnliches Ereignis sind.)

7. KAPITEL

Psychokinese, Telekinese – Die Kraft »Psi«

Professor Rhine erklärt in einem Aufsatz[31]: »In allen bestehenden Kulturen hat sich die Überzeugung durchgesetzt, daß wir in der Substanz Geistwesen sind, bei denen der Geist den Körper beherrscht.« Dieser individuelle Geist beherrscht aber nicht nur den dazu gehörigen physischen Leib, sondern kann, wie die Psychokinese beweist, auch andere materielle Körper beeinflussen, so z. B. bewegen oder sich bewegende Körper zum Stehen bringen.

Die Psychokinese (= PK) ist uns bereits in Fällen telepathischer Übertragung begegnet. Sie gehört zu den Phänomenen, die psychophysikalischer Natur sind und auf das Wirken geistiger Kräfte im Menschen zurückgehen. Wird die Beeinflussung der Materie oder materieller Objekte auf weite Entfernung hin wirksam, spricht man gewöhnlich von Telekinese (= Fernbewegung). PK kann übrigens auch von Geistwesen Verstorbener hervorgerufen werden, und dies ist verständlich, denn Geist ist Geist, wo und wie immer er wirkt.

PK ist an sich eine erstaunliche, ja eine erregende Tatsache. Wenn wir aber in Betracht ziehen, daß die Materie ihrer Natur nach Energie ist – wissen wir doch, daß die moderne Physik in den Atomen, den Bausteinen der Materie, Verdichtungen materieller Energie sieht – und Energie wieder in Materie umgesetzt werden kann, so stehen wir dem Phänomen PK nicht mehr so hilflos gegenüber. Auf jeden Fall wird durch die Tatsache, daß der Geist des Menschen sogar Materie beeinflussen und bewegen kann, wie wir dies in zahlreichen Fällen von Anmeldungen von Lebenden und Sterbenden beobachten können, die Vorstellung von der materiellen Natur des Menschen ad absurdum geführt. Die Definition, daß bei PK durch psychische Konzentration Gegenstände bewegt oder beeinflußt werden, ist übrigens keine ausreichende Beschreibung des Phänomens, denn wir wissen von Versuchen mit Psychokineten in West und Ost, daß durch PK auch auf Systeme und Mechanismen eingewirkt werden kann.

Bekannte Psychokineten sind die Russin Nina Kulagina, der junge Engländer Matthew Manning, der Schweizer Silvio und Uri Geller, der gerne als das PK-Wunder aus Israel bezeichnet wird. Erinnert sei nur an seine spektakulären Darbietungen im Deutschen Fernsehen, bei denen bekanntlich nicht nur Löffel und Gabeln verbogen und stehende Uhren wieder in Gang gesetzt wurden, sondern auch eine ganze PK-Welle im deutschen Sprachraum zur Auslösung kam. Neuerdings sollen Uri Geller, wie sein wissenschaftlicher Betreuer Dr. Andrija Puharich behauptet, sogar *Apporte* oder *Teleportationen* von Gegenständen über große Entfernungen allein durch geistige Konzentration gelungen sein.

Unter Apporten versteht man das paranormale Herbeibringen von Objekten oft über weite Strecken und in geschlossene Räume – ein Phänomen, das wir uns nur erklären können, wenn wir eine De- und Rematerialisation der betreffenden durch geistige Kräfte transportierten Gegenstände annehmen. Die Frage ist nur, ob es sich hierbei um gute oder böse Kräfte handelt.

Matthew Manning, der schon als Schuljunge durch seine außergewöhnliche psychokinetische Begabung auffiel, berichtet in seinem Buch »Der Psychokinet« über folgenden Fall von Teleportation:

[32] »Meine Schwester hatte in ihrem Zimmer einen Tisch, der ungefähr 73 cm hoch, 91 cm lang und 45 cm breit war. Unter der Tischplatte befand sich eine Schublade. Ihr Zimmer lag an der Vorderseite im 1. Stock. Auf dem Tisch hatte sie einen Stapel Bücher und Papier, einen Becher mit Stiften und andere Schreibwaren.

Dieser Tisch verschwand eines Nachmittags mit allem, was darauf war. Wir durchsuchten das Haus, aber vergeblich. Bei einer zweiten Suche ein wenig später entdeckten wir ihn in unserem Keller. Nichts von dem, was darauf lag, schien berührt worden zu sein. Der Tisch hatte sich um nicht weniger als 31,50 m weit bewegt, über drei Treppen, durch fünf Türen, von denen manche weniger als 75 cm breit waren, und er hatte unterwegs nicht weniger als zehn rechtwinkelige Richtungsänderungen gemacht.«

Der Fall wurde von Prof. Dr. George Owen, der sich eingehend mit den psychokinetischen Fähigkeiten des jungen Matthew befaßte, einwandfrei als Teleportation anerkannt[32].

Die *Kraft »Psi«*

Die Kraft, die die Phänomene der ASW: Telepathie und Hellsehen, wie aber auch der Psychokinese hervorbringt, wird nach einem Vorschlag von Prof. J. B. Rhine mit »Psi« (dem 23. Buchstaben des griechischen Alphabets) bezeichnet. Diese Kraft ist nicht meßbar; sie entzieht sich also jeder physikalischen Feststellung durch Apparate.

Psi ist eine geistige Kraft. Sie wirkt in der ASW auf den Geist

eines Menschen, in der PK aber auf die Materie. Die Gesetze von Raum, Zeit und Masse werden durch sie aufgehoben.
Psi kommt nicht nur beim Menschen, sondern auch bei Tieren und Pflanzen vor, wie einwandfreie Feststellungen und Versuche ergeben haben.
Was bei Psi aber außerdem auffällt, ist, wie wir bereits gesehen haben, die nie versagende Treffsicherheit, mit der es auch bei großen Entfernungen den gesuchten (gedanklich angepeilten) Empfänger zu erreichen und zu finden vermag. Dies hat sich z. B. auch bei transatlantischen ASW-Versuchen zwischen den USA und Europa gezeigt, bei denen Sender und Empfänger einander nur durch vorherige Korrespondenz kannten und niemals vorher am Orte oder im Lande des Partners gewesen waren, also auch keinerlei Lokalkenntnisse hatten. Trotzdem hatten solche Experimente zumeist einen überdurchschnittlichen Erfolg. Noch eindrucksvoller ist es, wenn jemand auf Reisen durch die telepathische Anmeldung eines Sterbenden, der nach menschlichem Ermessen gar nicht wissen kann, wo sich der Empfänger befindet, erreicht wird. Psi beweist hier in der Tat die Gabe der Allgegenwart der Seele.
Wir dürfen abschließend sagen: *Wer sich der ganzen Tragweite und Bedeutung von Psi bewußt wird, bekommt die Gewißheit von der geistigen Natur des Menschen und seiner Unsterblichkeit.*

Die Frage, ob alle Menschen über die Kraft Psi verfügen, ist oft gestellt worden. Prof. Rhine kam auf Grund der vielen an der Duke-Universität durchgeführten Versuche mit Telepathie und Hellsehen zu dem Schluß, daß mindestens 20 Prozent aller Menschen die ASW-Fähigkeit besitzen. Ähnlich schätzt man seither auch die Verbreitung der PK-Fähigkeit ein.
Daß Psi als geistige Kraft eventuell latent in allen Menschen schlummert, ist anzunehmen. Telepathische Experimente im

Schlaf haben jedenfalls ergeben, daß ASW am ehesten in der Traumphase des Schlafes zur Auswirkung kommt. Eine daraus bezogene Schlußfolgerung ist in dem Buch »Traumtelepathie« von Ullman/Krippner/Vaughan folgendermaßen formuliert: »Damit ist Psi nicht mehr ausschließlich die Gabe einiger seltener Menschen, die ›Medien‹ oder ›Sensitive‹ genannt werden, sondern ein völlig normaler Bestandteil der menschlichen Existenz und kann unter optimalen Bedingungen von fast jedem erlebt werden. Es dauerte Hunderttausende von Jahren, bis der Mensch lernte, das gesprochene Wort zu schreiben. Wieviel länger wird es dauern, bis er lernt, seine Psi-Fähigkeit anzuwenden? Wir sind optimistisch und neigen zu der Ansicht, daß der zeitliche Abstand zwischen ›Entdeckung‹ und ›Anwendung‹ in den kommenden Jahren erheblich verkürzt werden wird und daß ein besseres Verständnis von Psi die Art und Weise, in der wir unsere Stellung im Universum sehen, grundlegend beeinflussen wird.«[33]

Diesem Optimismus wollen wir uns nicht verschließen. Ob er sich erfüllen läßt, wird die Zukunft erweisen.

II. TEIL

An der Schwelle

8. KAPITEL

Leben – Sterben – Tod

Im Leben des Menschen werden zwei Ereignisse als die wesentlichsten angesehen: 1. die Geburt und 2. der Tod. Sicherlich haben sie beide den Charakter schicksalhafter Geschehnisse, die sich am Anbeginn und am Ende des irdischen Daseins abspielen, sie sind gewissermaßen die Grenzmarken der irdischen Pilgerschaft. – Doch weit bedeutungsvoller ist das Leben selbst, das wir bei Betrachtung unseres Themas gar nicht ausklammern dürfen. Denn das Leben, dem wir unser Sein verdanken, ist das größte Geheimnis an sich und ein Geschenk der Schöpfung; es ist die von Gott gesetzte ewig wirkende Kraft, die sowohl den irdischen Raum wie die geistigen jenseitigen Bereiche erfüllt.
Des Menschen Leben beginnt nicht erst mit seiner Geburt: es ist schon existent in Ei und Samen, die sich nach festen geistigen Gesetzen zu einer menschlichen Einheit verbinden, schon im Augenblick ihrer Verschmelzung mit einer Seele begabt, die die Urzelle der neuen menschlichen Existenz zu einer einmaligen Wesenheit werden läßt. Dieser Gang der Entwicklung reicht zurück in eine sehr ferne Zeit, von der an sich der Prozeß des Weitergebens von Leben immer wieder abgespielt hat und stets von neuem abspielt.
Der Mensch muß im Rahmen eines unendlichen Schöpfungsplanes gesehen werden, eines geistigen Entwurfs, in welchem

der Geistseele des einzelnen eine eminent wichtige Rolle zukommt. Geist und Seele – beide frei in ihrer Entfaltung – haben ihn zu dem gemacht, was er heute ist. An Geist und Seele erkannten wir seine Herkunft von einer nichtmateriellen Welt. Im Grunde ist er auch nur ein Gast dieser Erde. Denn wenn sein irdischer Körper stirbt, verläßt sein Ich diese Welt und lebt in Dimensionen weiter, die seiner geistigen Herkunft und seiner Bestimmung gemäß sind. Der Körper ist nur dem Schein nach das Primäre, das sichtbar da war und im irdischen Leben den Menschen repräsentierte. Das Wesentliche an ihm ist und bleibt die Seele, die den Werdeprozeß des Körpers in Gang zu halten hat und später durch Verbindung mit dem Individualgeist zu geistigen Leistungen befähigt.

Dies ist eine immer deutlicher sich abzeichnende und sich durchsetzende Auffassung der Jenseitsforscher unter den Parapsychologen und gottlob auch schon anderer Wissenschaftler, die eben auf Grund ihrer Beobachtungen und Erkenntnisse von jeglichem Gesinnungsmaterialismus abgerückt sind. Eine immer breitere Aufklärungsarbeit, deren Ziel es ist, überholte Vorstellungen von Tod und Sterben zu korrigieren, bahnt sich unter den Menschen an, und es muß dankbar hervorgehoben werden, daß immer häufiger Ärzte durch Beobachtungen an Sterbebetten zu dieser Aufklärungsarbeit beitragen und daß auch Vertreter der Kirchen diese Tätigkeit begrüßen und fördern. Dieses wachsende Verständnis und die daraus resultierende Zusammenarbeit könnte mit der Zeit für die Menschheit von großem Nutzen sein.

Mit Recht weist der ev. Theologe J. Chr. Hampe darauf hin, daß die Menschen erfahrungsgemäß weniger Angst vor dem Tod als vor dem Sterben haben. In seinem Buch über das Sterben sagt er: »Unsere Gesellschaft verdrängt den Tod und vergöttert ihn zugleich. Wir haben Angst vor dem Sterben und ersehnen es zugleich als den letzten Fluchtweg«.[34] »Nur wenige

Menschen sind so reif«, sagt er an anderer Stelle, »in den Schmerz einzuwilligen und Leiden nicht zu scheuen.«
Die meisten fürchten sich, im Sterben allein zu sein, irgendwohin abgeschoben zu werden, ohne einen liebenden, verstehenden Menschen neben sich, ohne Trost und seelische Hilfe. Viele beklagen sich über die »Sinnlosigkeit« des Leidens und Todes, meist sind dies Menschen, die auch das Leben für sinnlos halten, weil sie enttäuscht wurden oder ihr Leben eine einzige Kette von Versagern war. Der Mensch wird angesichts des Todes die Schuld für ein verpfuschtes oder verlorenes Leben selten auf sich selbst nehmen, sondern immer auf andere abschieben.
Glücklich die Menschen, die sich beizeiten auf den Tod innerlich vorbereitet haben und ihn schließlich als die verheißene Wandlung in eine höhere Form des Lebens mit Geduld und Fassung hinnehmen. Aber dies sind nicht allzuviele . . . Alle anderen sehen dem Sterben mit Bangen, wenn nicht gar mit Grauen entgegen.
Angesichts dieser Tatsache muß man die immer wieder geforderte Sterbehilfe für zeitgemäß und berechtigt halten und für sie einstehen. Wobei echte Sterbehilfe natürlich nicht allein darin zu bestehen hat, daß man einem Menschen in den letzten Wochen oder Tagen vor seinem Hingang die Schmerzen lindert, sondern mehr noch darin, daß man ihn seelisch aufrichtet, ihm die Angst nimmt vor dem Ungewissen, das auf ihn zukommt, ihn mit aller Zartheit eines mitfühlenden Herzens auf das Kommende vorbereitet. Sterbende oder Schwerkranke, die vielleicht noch gar nicht ahnen, daß ihre Stunden gezählt sind, wollen von anderen Menschen persönlich angesprochen werden, ein Weilchen herausgenommen aus der ganzen meist so unpersönlichen medizinischen Betriebsamkeit um sich herum. Sterbende brauchen einen Gesprächspartner, solange sie noch bei Bewußtsein sind, ein Gegenüber, mit dem sie sich aussprechen können oder von dem sie liebevolle, tröstende Worte oder Gebete hören.

Verwiesen sei hier auf die lehr- und hilfreichen Bücher der jetzt in New York arbeitenden Züricher Ärztin Dr. Elisabeth Kübler-Ross, die jedem zur Lektüre empfohlen werden, der sich mit Sterbehilfe befaßt und für Winke und Ratschläge dankbar wäre. Ihre weitverbreiteten »Interviews mit Sterbenden« gehen von dem Wunsch aus, nicht nur sterbenden Kranken, sondern mehr noch Ärzten, Schwestern, Seelsorgern und nicht zuletzt den nächsten Angehörigen der Patienten aus eigener ärztlicher Erfahrung heraus zu helfen. – Das Buch »Reif werden zum Tode« basiert auf einer Vielzahl eigener Texte der Verfasserin, aber auch auf Erkenntnissen anderer Autoren und wandelt das Thema in dem Sinne ab, daß nur der zum Tode reif werden könne, der ein sinnerfülltes Leben geführt hat. –[35]

9. KAPITEL

Wissenschaftliche Untersuchungen über Erfahrungen bei Sterbenden – Beobachtungen an Sterbebetten

Wiederholt haben in den letzten Jahren Wissenschaftler Untersuchungen darüber angestellt, welche Beobachtungen an Sterbebetten gemacht werden konnten. Oft ist behauptet worden, daß Sterbende häufig Visionen hätten, daß sie von besonders eindrucksvollen akustischen Phänomenen sprächen und sich mit unsichtbaren Gestalten unterhielten. Selbst in einfachen Volkskreisen kann man von solchen Dingen oft sprechen hören.

Dies mußte einmal gründlich untersucht werden. – Es war eine glückliche Fügung, daß Anfang der sechziger Jahre Dr. Karlis *Osis*, ehemals Mitarbeiter von Professor Rhine, als wissenschaftlicher Forscher der Parapsychologischen Stiftung (Parapsychology Foundation) nach New York kam, um sich hier ganz neuen Problemen zu widmen. Die erste große Aufgabe, die er mit Marian L. Nester in Angriff nahm, war die Erhebung und Auswertung von Eindrücken und Erfahrungen, die Ärzte und Pflegepersonal bei Sterbenden gesammelt hatten. Zu diesem Zweck waren 10 000 detailliert aufgegliederte Fragebogen verschickt worden.

Die Ergebnisse der Arbeit sind in einer Monographie mit dem Titel »Deathbed Observations by Physicians and Nurses« (Beobachtungen von Ärzten und Pflegerinnen an Sterbebetten) erschienen und viel beachtet worden.

Der Gesamtbericht, der sich auf viele genauestens ausgewertete Daten stützt, enthält einige für unsere Betrachtung wertvolle Angaben und Hinweise. Die Ausarbeitung des Materials, das sich auf 35 540 Patienten bezieht, hat ergeben, daß in 52 Prozent aller Fälle den Sterbenden bereits früher Verstorbene erschienen sind; zumeist waren dies Angehörige der eigenen Familie. In weiteren 19,6 Prozent der Fälle wurden von den Sterbenden Gestalten gesehen, die einen ausgesprochen religiösen Bezug hatten. 733 mal wurde eine auffallend euphorische Stimmungssteigerung festgestellt. 884 Beobachtungen betrafen Visionen bzw. Halluzinationen mit vorwiegend außerpersönlichem Inhalt, die entweder den überlieferten religiösen Vorstellungen (Himmel, Hölle, himmlisches Jerusalem) entsprachen oder Szenen von überwältigender Schönheit waren.[36]

Wenn man annimmt, daß manchen Aussagen und Schilderungen von Sterbenden religiöse Vorstellungen zugrunde liegen, so dürfen wir hierbei nicht immer an Halluzinationen, an Selbsttäuschungen denken, es kann sich sehr wohl hierbei in vielen Fällen auch um echte objektive Erlebnisse gehandelt haben, an denen freilich in vielen Fällen Außenstehende nicht teilhaben konnten, weil ihnen eben die *innere* Teilnahme am Geschehnis fehlte und ihnen vor allem die sensitive Begabung des visionären Schauens und Hörens abging, deren die Sterbenden im Zustand der Entrückung fähig waren.

Die meisten Kranken, über die berichtet wurde, waren bis zuletzt bei vollem Bewußtsein und konnten auf ihre Umgebung reagieren, »auch dann, wenn sie Verstorbene oder Lebende halluzinierten« (d. h.: im Geiste vor sich sahen).

Eine weitere große Datensammlung zum gleichen Thema erschien 1977 aus der Feder von Dr. Karlis *Osis* – inzwischen Wissenschaftlicher Direktor der »Amerikanischen Gesellschaft für Psychische Forschung« in New York – und Erlandur Haraldsson unter dem Titel »At the Hour of Death« (jetzt deutsch bei H. Bauer V. »Der Tod – ein neuer Anfang«). Diese Veröffentlichung in Buchform ist die wohl »umfassendste wissenschaftliche Untersuchung der Erfahrungen von Sterbenden in ihrer Stunde des Todes«. Auch diese Arbeit geht auf eine Befragung von Ärzten und Krankenschwestern zurück und umfaßt genaue Beobachtungen an rund 1000 Personen in Amerika und Indien. In der Besprechung der Monographie heißt es abschließend: »Die Untersuchung macht klar, daß der Mensch in der Stunde des Todes nicht nur größtenteils von Friede und Freude erfüllt ist, sondern bisweilen Schauungen erlebt, die ein Jenseits nahelegen.«[37]

Ein wesentliches Moment, das uns bei Sterbenden immer wieder auffällt, ist das Sehen und Hören von Verstorbenen, das Sprechen mit ihnen, von denen es heißt, daß sie gekommen seien, die Kranken abzuholen. Hierbei ist es wichtig festzustellen, daß Sterbende nie behaupten, Lebende zu sehen, die sie abholen möchten.

Hierzu liefert uns übrigens Prof. W. H. C. Tenhaeff, der Nestor der europäischen Parapsychologie, ein lehrreiches Beispiel, aus dem hervorgeht, daß Sterbende nur Verstorbene sehen, auch wenn sie sie noch für lebend halten.

[33] Einem evangelischen Vikar sind innerhalb 24 Stunden an zwei verschiedenen Orten, 24 Meilen voneinander entfernt, zwei Söhne an Scharlach gestorben. Der vierjährige David, der als zweiter starb, setzte sich eine Stunde vor seinem Tode im Bett auf, zeigte zum Fußende hin und sagte seinen Eltern, er sehe dort seinen Bruder Harry, dessen Tod man ihm natürlich verschwiegen hatte, und dieser sei gekommen, ihn abzuholen.

Der überlebende David weiß noch gar nicht, daß sein Bruder bereits tot ist, aber er sieht ihn leibhaftig vor sich und weiß, daß er ihn abhole. An eine Selbsttäuschung kann hier nicht gedacht werden; er sah oder spürte den Geist des Verstorbenen in seiner Nähe und zog daraus den Schluß, er sei gekommen, um ihn abzuholen, wie vielleicht oft vorher in gesunden Tagen.
Eigene Erlebnisse an Sterbebetten sind immer am eindrucksvollsten. Als meine Schwiegermutter starb, geschah dies in einer Feierlichkeit, die man ihr, der sonst gar nicht auf Äußerlichkeiten bedachten Frau, nicht zugemutet hätte. – Als sie den Tod herannahen fühlte, wünschte sie, noch einmal aus dem Bett heraus in den Lehnstuhl gesetzt zu werden. Als dies geschehen war, faltete sie die Hände und forderte alle um sie Stehenden auf, mit ihr das Vaterunser zu beten. Sie sprach mit erstaunlich klarer Stimme vor. Die Bitte »Und vergib uns unsere Schuld!« wiederholte sie dreimal mit großem Nachdruck. Dann verabschiedete sie sich mit Handdruck von allen und sagte zu einer ihrer Töchter: »Was jetzt kommt, davor braucht ihr euch nicht zu fürchten«. Darnach ließ sie sich wieder ins Bett legen und sagte: »Ich bin geendet« . . . und alle hatten den Eindruck, daß sie von da an nicht mehr ansprechbar und nur noch mit sich selbst beschäftigt war. Plötzlich veränderte sich ihr Gesichtsausdruck und sie begrüßte, mit dem Blick zum Fußende hin, einige ihr sichtbar werdende Erscheinungen, Verstorbene der

Familie, die niemand sonst sah, ihren Sohn, der im 1. Weltkrieg gefallen war, ihre Mutter und ihren Bruder. Sie tat dies mit klarer, innerlich bewegter Stimme. Hierauf verschied sie. Es war ein gnadenvolles, feierliches Sterben, das auf alle Anwesenden einen tiefen Eindruck hinterließ und ihnen später als ein beglückendes Erlebnis in Erinnerung blieb.

Daß jedoch das Sterben eines Menschen nicht immer in seelischer Harmonie und Würde vor sich geht, beweisen uns Fälle, in denen Menschen in Unfrieden mit sich selbst und der Welt, in seelischer Zerrissenheit und Gottferne sterben.

Ein erschütterndes Beispiel hierfür ist der Tod des französischen Philosophen und Schriftstellers Voltaire, der zeitlebens ein großer Gottesleugner war. Als er 1778 starb, sah er nicht Lichterscheinungen oder ihm liebevoll winkende Freunde, sondern schwarze Gestalten am Bett, die gekommen waren, ihn abzuholen. Von Schauder gepeinigt, soll er sich in seinem Bett gewälzt und laut nach einem Priester geschrien haben, den jedoch die um seinen atheistischen Ruf besorgten Freunde nicht holten. Später hat sich sein Arzt einem Freund gegenüber mit den Worten geäußert: Voltaire sei, wie Orest von den Furien gepeinigt, verschieden.

Wiederholt haben auch Hellsichtige an Sterbebetten interessante Beobachtungen gemacht, so die englische Krankenschwester Joe Snell, eine begnadete Sensitive, die besonders bei ihren Nachtwachen bei Schwerkranken wertvolle Eindrücke gewonnen hat und überzeugend bestätigt, daß Sterbenden tatsächlich oft Gestalten erscheinen; denn dank ihrer Medialität konnte sie immer, oft eher als die Sterbenden selbst, die erschienenen Gestalten wahrnehmen[38].

Das erste Erlebnis dieser Art hatte sie, als sie beim Hinscheiden einer 17jährigen Freundin, die an Auszehrung starb, zugegen war. Sie schreibt:

[34] »Kurz vor ihrem Ende bemerkte ich zwei Gestalten, die zu beiden Seiten des Bettes standen. Ich hatte sie nicht kommen sehen, sie standen am Bett, als ich sie bemerkte, und ich sah sie so deutlich, wie ich alle Anwesenden in dem Raum sah. In meiner Vorstellung nannte ich diese Wesen aus einer anderen Welt immer Engel, und als von solchen will ich weiterhin sprechen. Ich erkannte in den beiden zwei intime Freundinnen des Mädchens, die gleichaltrig mit ihr ein Jahr vorher gestorben waren. Gerade bevor die beiden erschienen, hatte das sterbende Mädchen gesagt: »Es ist so dunkel geworden, ich kann gar nichts mehr sehen.« Aber diese erkannte sie sofort. Ein liebliches Lächeln glitt über ihr Gesicht. Sie streckte die Hände aus und rief in freudigen Tönen: »Oh, ihr seid gekommen, mich abzuholen! Ich freue mich, denn ich bin so müde.« Als sie ihre Hände ausstreckte, ergriff jeder der Engel deren eine. Ihre Gesichter waren leuchtend, und wie auch das Gesicht der Sterbenden strahlend lächelte, die ja nun die Ruhe finden sollte, nach der sie so verlangte. Sie sagte nichts mehr, aber für etwa eine Minute hielt sie die Hände ausgestreckt, die von den Händen der Engel gehalten wurden, und sie sah sie weiter an mit strahlenden Augen und dem Lächeln auf ihrem Gesicht.[39]«

Daß die Sensitive die erschienenen Gestalten selber sieht, ist eine besonders eindrucksvolle Bestätigung der immer wiederkehrenden Behauptung, daß Sterbende derartige Erscheinungen haben. Denn wie oft ist dem entgegengehalten worden, daß es sich bloß um Phantasien und Halluzinationen, also um bloße Einbildungen der Sterbenden handelte.

Diesem Bericht von Joe Snell folgt die Schilderung eines Mannes, der gleichfalls sehr medial und sensitiv war und, am Krankenlager seiner Frau sitzend, deren Tod in allen Phasen beobachten und nachher beschreiben konnte.

[35] Was er als erstes bemerkte, waren merkwürdige Wolkengebilde, ein sehr häufig festgestelltes Phänomen – das einmal sogar fotografiert werden konnte – Wolkenstreifen, die gewissermaßen ins Zimmer hereingeweht wurden und das Bett allmählich einhüllten. Dann sah er durch die Wolkenschleier hindurch neben dem Haupt der Sterbenden eine weibliche Erscheinung, »wie ein heller Schein von leuchtendem Golde; eine Frauengestalt von so erhabenem Aussehen, daß mir die Worte fehlen, sie zu beschreiben«. Dann erblickte er zwei weitere Gestalten in Weiß, die an der Seite seiner Frau knieten. – »Über meiner Frau, aber durch ein Band mit ihr verbunden, das über dem linken Auge von der Stirne ausging, schwebte eine unbekleidete weiße Gestalt empor, anscheinend ihr Astralkörper.« Der Berichterstatter betont, daß er einen vollständig ausgebildeten Körper gesehen habe, der heftige Bewegungen machte, um sich vom physischen Körper loszulösen. Mit dem letzten Atemzug der Sterbenden wurde die Silberschnur getrennt und der Seelenleib entschwand. Die Wolken und die geistige Gestalt lösten sich auf. – Ein beim Tode der Frau anwesender Neurologe, der jedoch die beim Sterben auftretenden Erscheinungen nicht wahrnehmen konnte, gab folgende Erklärung ab: »Auf Grund meiner Beobachtungen muß ich den Zustand einer vorübergehenden Halluzination (des Gatten) unbedingt verneinen. Ich kenne Mr. G. gut. Ich hatte Gelegenheit, mich davon zu überzeugen, daß er niemals irgendwas über Okkultismus gelesen hatte.« Damit sollte gesagt werden, daß er die vom Gatten gesehenen Erscheinungen für echt hielt.[40]

Hier ist auch der Ort, darauf hinzuweisen, daß beim Tode von Menschen, die in seelischer Harmonie oder in beglückender Liebesverbindung mit ihren Angehörigen sterben, von diesen

oft auffallende Lichtphänomene bemerkt werden. Das Licht ist ja das Sinnbild des Reinen, des Himmlischen, Göttlichen. Es kann auch ein Zeichen der Freude über den Eingang in das Reich Gottes, in die Unsterblichkeit sein.
Aniela *Jaffé* bringt Beispiele solcher Lichterscheinungen in ihrem Buch »Geistererscheinungen und Vorzeichen«, zu dem kein Geringerer als C. G. Jung ein Vorwort geschrieben hat.[41]

[36] Eine Frau berichtet: »In einer benachbarten Gemeinde kannte ich eine sehr liebe, gottesfürchtige Frau. Ich vernahm, daß sie gestorben sei, und nahm mir vor, zu der Beerdigung zu gehen ... Ich wollte eben Holz in den Herd legen, als ich mich plötzlich nicht mehr allein fühlte. – Ich drehte mich um, und hinter mir stand diese Frau. *Sie war durchsichtig, jedoch in vollendeter Pracht und Schönheit.* Ihr auf Erden ergrautes Haar war wunderbar hell, lockig bis halb auf die Arme. Das Gesicht war klar, die Augen erstrahlten ...«
Einer anderen Frau erschien die in der Nacht verstorbene Großmutter ... »durchsichtig und sonnenhaft«.

Es soll hier auch der interessanten Tatsache gedacht werden, daß Menschen, die viele Jahre lang geistig umnachtet waren oder ein ganzes Leben lang als geisteskrank galten, am Tage ihres Todes oder in ihrer Sterbestunde plötzlich völlig normal wurden. So berichtet der Direktor der Anstalt Hephata in Treysa, Pfarrer Happich, folgenden Fall:

[37] »Etwa zwanzig Jahre wurde in unserer Anstalt ein Mädchen namens Käthe gepflegt. Es war von Geburt an vollständig verblödet und hat nie ein Wort sprechen gelernt. Stumpf vegetierte Käthe dahin. ... An allem, was in ihrer Umgebung vor sich ging, schien sie nicht den geringsten

> Anteil zu nehmen. Auch körperlich wurde das Mädchen immer elender, ein Bein mußte abgenommen werden, und das Siechtum wurde immer stärker. ... Da rief mich eines Morgens Herr Dr. med. Wittweber an und bat mich, mit ihm gleich einmal zur Käthe zu gehen, die im Sterben liege. Als wir in die Nähe des Sterbezimmers kamen, fragten wir uns, wer wohl Käthe Sterbelieder singe. Als wir in das Zimmer traten, trauten wir unseren Augen und Ohren nicht, die von Geburt an völlig verblödete Käthe, die nie ein Wort gesprochen hatte, sang sich selbst die Sterbelieder. Vor allen Dingen sang sie immer wieder: »Wo findet die Seele die Heimat, die Ruh?« ... Etwa eine halbe Stunde lang sang sie mit selig verklärtem Gesicht und ging dann sanft und still heim. ... Mit tiefster Bewegung konnten wir das Sterben dieses Mädchens miterleben. Wie viele Fragen gab uns diese Sterbestunde auf! Käthe hatte also nur scheinbar an alledem, was in der Umgebung vor sich ging, nicht teilgenommen. In Wirklichkeit hatte sie aber sichtlich gar manches in sich aufgenommen. Denn woher hatte sie Text und Melodie des Liedes, wenn nicht aus der Umgebung? Und sie hatte den Inhalt des Liedes richtig verstanden und wandte ihn in der entscheidenden Stunde ihres Lebens an.« Es war in der Tat wie ein Wunder. Auch der Arzt sprach von einem medizinischen Rätsel.[42]

Auch wir müssen bewegt sein über ein solch einzigartiges Geschehen: Ein Leben lang eingeschlossen in eine scheinbar geistlose Nacht und im Sterben erweckt zu geistigem Licht! Kann die Geistseele eines solchen Menschen sterben? Ist an ihr nicht erwiesen, daß der Geist unsterblich ist und nur der Körper mit seinem kranken Gehirn vergänglich?

10. KAPITEL

Erfahrungen von »Klinisch-Toten« – Haben sie die Schwelle überschritten? Hatten sie wirkliche Jenseitserlebnisse?

Die Schilderungen im vorigen Kapitel haben uns knapp an die Schwelle herangeführt, wo sich Diesseits und Jenseits berühren. Doch der Schleier zwischen den beiden Welten – der materiellen und der geistigen – hat sich uns dabei kaum geöffnet. Und doch glauben wir, schon einen Blick hinter den trennenden Vorhang tun zu können, wenn wir nacherleben, was uns Menschen, die »klinisch-tot« waren und durch die Kunst der Ärzte ins Leben zurückgerufen wurden, von ihren phantastisch anmutenden Erfahrungen im Grenzland des Todes zu berichten wissen. Hierbei fällt uns auf, daß manches in ihren Schilderungen auch an Erfahrungen von Sterbenden erinnert, nur mit dem Unterschied, daß Sterbende gleichsam nur eine blasse Ahnung von dem haben, was sie »drüben« erwartet, »Klinisch-Tote« aber das Geahnte bestätigt finden und hernach als innerlich gewandelte Menschen mit starken, unverwischbaren Eindrükken ins Leben zurückkehren.

In den letzten Jahren sind mehrere Werke mit Erzählungen von Totgeglaubten, die wieder erweckt wurden, erschienen und haben viel Interesse erweckt. In Details unterscheiden sich die Schilderungen da und dort, in wesentlichen Punkten aber weisen sie erstaunliche Übereinstimmungen auf, so daß wir uns auf Grund ihrer Aussagen sehr wohl ein Bild »von drüben«, jedenfalls vom Übergang in die jenseitige Welt machen können. Interessantes Material enthält das Buch »Aus dem Jenseits zurück« von Jean Baptiste Delacour, dem der bekannte Parapsychologe Prof. Dr. Dr. Andreas Resch ein Geleitwort gewidmet

hat. Unter den Berichtenden gibt es einige bedeutende Persönlichkeiten, wie König Paul von Griechenland, Curd Jürgens, Charles Aznavour, die französische Tänzerin Charrat u. a.
Als Fallbeispiel sei hier der Erlebnisbericht des französischen Schauspielers Daniel Gélin[43] herausgegriffen.

[38] Dieser hatte während einer internationalen Filmwoche in einem Hotel in Tel Aviv eine so schwere Herzattacke erlitten, daß er sofort im bewußtlosen Zustand ins Danolo-Hospiz eingeliefert werden mußte. Hier gelang es den Ärzten, ihn nach längeren Bemühungen wieder ins Leben zurückzuholen.

Was er aber in der Zwischenzeit, in der er schon als tot galt, mit erstaunlicher geistiger Wachheit miterlebte, beschrieb er später mit allen wesentlichen Einzelheiten: zunächst die Trennung des Astralkörpers, also der feinstofflichen Substanz seiner Wesenheit sowie seiner geistigen Fähigkeiten aus dem physischen Körper, das Miterleben der ärztlichen Bemühungen um seine Wiedererweckung im Krankenhaus, die ihm dabei schaudernd bewußt werdende Erkenntnis, daß man ihn für tot hält, obzwar er sich doch lebend fühlte, dann eine völlige Wandlung in seinem Wesen, schließlich die Veränderung seiner Umgebung, das Ergriffenwerden von »Heiterkeit« und zuletzt die überraschende Begegnung mit seinen verstorbenen Eltern. »Es war für mich ein unvorstellbares Wunder«, sagt er später, »meine Eltern unter der großen Sonne eines glücklichen Jenseits wiederzufinden«.

Aber noch viel beglückender wurde es für ihn, als er »in einem Märchengarten, angefüllt mit Wunderblumen«, seinen Sohn Pascal wiedersah, der, erst 14 Monate alt, seinen Eltern durch einen tragischen Unfall entrissen worden war. »Sein Gesicht war rund und rosig, die Haare blond und die Hände klein und fleischig ... Jetzt begriff ich«, wie er sich nachher erinnert, »daß der Tod nicht ein grausames Ende des Lebens darstellt. Ich entdeckte, daß es nach dem Erdendasein mehr gab als nur ein trauriges, hoffnungsloses Nichts« – eine Erkenntnis, die sich, wie wir noch sehen werden, allen aufdrängt, die sich im Scheintod plötzlich einer anderen Wirklichkeit des Lebens gegenübersehen.

Freilich konnte sich Gélin seines wiedergefundenen Kindes nicht lange erfreuen, denn er wurde plötzlich – und dies war ein Schock für ihn – ins irdische Leben zurückgerissen.

Sein interessanter Bericht schließt mit den Worten: »Wenn ich mich zeitweilig kraftlos oder niedergeschlagen fühle, denke ich zurück an das Reich der Toten. Ich schließe die Augen, und das Leben im Licht, das mir offenbart wurde, kehrt als unvergeßliche Wirklichkeit zu mir zurück ...«

Manches finden wir in diesem wie in ähnlichen Fällen wieder, was wir bereits in anderen Zusammenhängen erfahren haben, so das plötzliche Austreten des Astral- oder Seelenleibes aus dem Körper – jetzt allerdings aus einem schwerkranken, regungslos gewordenen Körper – und das Wiedersehen mit verstorbenen Angehörigen. Aber es ist alles viel lebendiger, klarer geworden. Dies wird uns noch deutlicher werden, wenn wir mehr derartige Jenseitserlebnisse auf uns wirken lassen und Gelegenheit haben, die spezifischen Elemente der ihnen zugrunde liegenden Erfahrungen kennenzulernen.

Ein weiteres einschlägiges Werk mit dem Titel »Das Leben nach dem Tod« erschien 1977 und stammt von dem amerikanischen Psychiater Dr. med. Raymond Moody jun.[44]. Keine Geringere als Frau Dr. Elisabeth Kübler-Ross, die bekanntlich selbst große Erfahrungen mit Menschen an der Schwelle vom Leben zum Tod hat, beglückwünschte ihn dazu, daß er sich zur Herausgabe seiner interessanten Forschungsergebnisse entschließen konnte. Das Buch enthält viele von ihm wissenschaftlich kommentierte Erlebnisberichte von 150 wiedererweckten Klinisch-»Toten«, die er als Arzt einzeln befragen konnte.

Wesentliche Fakten wiederholen sich begreiflicherweise in den Aussagen der Berichterstatter, und sie decken sich in der Hauptsache auch mit anderen Berichten von Verunglückten und Schwerkranken, die bereits aufgegeben und durch ärztliche Kunst wieder ins Leben zurückgeführt werden konnten. Aber gerade dies ist für unsere Betrachtung und die daran zu knüpfenden Schlußfolgerungen so eminent wichtig. Denn der Umstand, daß sich uns beim Lesen oder Anhören vieler derartiger Erlebnisberichte ein gewisses Grundschema von Erfahrungen – natürlich mit vielen nicht uninteressanten persönlichen Nuancen – darbietet, unterbaut und ermöglicht uns ja die Annahme, daß das, was die Klinisch-Toten erleben, in der Tat dem echten Sterbeerlebnis mit allen logischen Konsequenzen vergleichbar ist.

Man erinnert sich an die Forschungsergebnisse von Dr. Osis und seinen Mitarbeitern oder an einzelne Berichte in der Literatur.Am nachhaltigsten bleibt wohl für viele in der ersten Phase der Erlebnisse die Trennung der feinstofflichen Substanz, des Ichkörpers, der Seele vom physischen Körper. Wir wissen auch aus anderen Berichten, daß die erste Reaktion – etwa eines Verunglückten – auf das Gewahrwerden des eigenen wie leblos wirkenden, tot erscheinenden Körpers zumeist schockierend ist.[45]

Daß dies freilich nicht immer der Fall ist, beweist Dipl. Arch. Stefan von Jankovich, der nach einem schweren Verkehrsunfall bei Bellinzona bewußtlos – mit 18 Knochenbrüchen – auf der Straße liegen blieb und nachher, über der Erde schwebend, seinen Körper, von Leuten umgeben, die ihm helfen wollten, unter sich liegen sah. Er geriet dabei nach eigener Aussage absolut nicht in Panik[46]. Im Gegenteil: »Ich fand dies alles eigentlich ein bißchen komisch«, wie er später in der Esotera bekennt. Er behauptet, »in einem völlig harmonischen Zustand« gewesen zu sein, die Vorgänge unter sich »ohne Emotionen, ganz ruhig in einem himmlischen, glücklichen Zustand« beobachtet zu haben. Man kann also nicht verallgemeinern. Jedenfalls ist es nicht alltäglich, daß sich ein Mensch selber sterben sieht und dies, wie Stefan von Jankovich betont, sogar mit einer gewissen Befriedigung tut, obgleich er bis dahin ein durchaus lebensfroher Mensch gewesen ist.

Der Beschreibung Dr. Moodys und den späteren Aussagen von ehedem Klinisch-Toten entnehmen wir, daß sich diese nach der Trennung ihrer Geistseele vom Leib immer noch in einem Körper, allerdings mit ungewohnten Eigenschaften und Qualitäten, fühlten. Was sie an sich als »körperlich« empfanden, war in Wirklichkeit natürlich nur eine geistige Entsprechung materieller Körperteile.

Nach einer Mitteilung von Stefan v. Jankovich sollen seine Sinnesorgane weiter funktioniert haben. Daß heißt also, daß er gesehen und gehört hat. Die von Dr. Moody Befragten scheinen wohl gesehen, aber »keine konkreten Stimmen oder Laute« gehört zu haben. Sie standen mit Lebenden in einem gedanklichen, telepathischen Kontakt. Sie konnten sich auch sprachlich nicht verständlich machen, wie übrigens auch S. Jankovich nicht. Die Ausschaltung der Sinnesorgane im Zustand der Leibfreiheit der Seele ist natürlich und verständlich, da ja das vom Körper getrennte Ich eines Menschen auch von seinen leiblichen Sinnesorganen getrennt sein muß. Nach Aussage des Mystikers Carl Welkisch[47] sind Verstorbene, also für immer vom Körper Getrennte, nicht imstande, ihre Hinterbliebenen wie überhaupt Menschen äußerlich wahrzunehmen. Sie fühlen und sehen nur deren Inneres. Wohl aber können sie sehen und hören wie Lebende, wenn sie sich »mit einem hellsichtig Veranlagten oder Medium« verbinden, »indem sie sich der Sinneswerkzeuge derselben bedienen«. Nach all dem dürfte man annehmen können, daß sich Klinisch-Tote in einer ähnlichen Lage wie Verstorbene befinden: Ihr Sehen und Hören geschieht auf geistigem Wege.

Wenn v. Jankovich weiter schildert, daß ihn und seine Umgebung immer stärker werdende Töne und »Lichtspiele« überfluteten, und beschreibt, wie die Sonne »immer lichter, immer strahlender, immer pulsierender« wurde, dann bezieht er sich damit bestimmt auf ein geistiges und kein körperlich-sinnliches Erlebnis. Denn als Geistwesen hatte er keine Sinne mehr.

Das entspricht auch der Auffassung von Joh. Chr. Hampe, der in seinem Buch »Sterben ist doch ganz anders«[48] sagt: »Merkwürdig ist, daß der nicht mehr an die Materie gebundene, von ihr bereits getrennte Mensch dennoch, obzwar er keinen Sinnesapparat besitzt, die Umgebung und alle Vorgänge um ihn wahrnehmen kann, d. h., daß er auch als ein Geistwesen ohne Sinne, also im wahrsten Sinne des Wortes: außersinnlich oder übersinnlich, wirken kann.«

Was von den Klinisch-Toten, mit denen sich Dr. Moody befaßte, zumeist als ihr stärkstes Erlebnis bezeichnet wurde, war die Wahrnehmung eines hellen Lichtes, hinter dem sie ausnahmslos ein reales, lebendes Wesen mit einem deutlichen »personalen Charakter« verspürten. Es ist naheliegend, daß viele der Befragten, u. zw. Christen, hinter dieser sie überwältigenden Erscheinung Christus selbst, Juden einen Engel vermuteten.

Was dem Erscheinen des »Lichtwesens« unmittelbar folgte, erinnert uns sehr an die christlich-theologische Vorstellung vom Besonderen Gericht, in dem der Mensch im Augenblick seines Hinübergangs und in Gegenwart des Herrn sein ganzes Leben mit all seinen hellen und dunklen Seiten überschauen kann und dann nach Erweckung seines Gewissens und nach Erkenntnis aller seiner Handlungen, auch seiner Gedanken und seiner Unterlassungen, sein eigenes Urteil über sich spricht, im Sinne von Christi Wort »Ich richte niemand« (Joa 8,15)[49].

Mit Recht hebt J. Chr. Hampe das Lichterlebnis als »eine heute verschüttete uralte Menschheitserfahrung« hervor; allerdings spricht er nicht von einer personalen Erscheinung, die sich dahinter verbirgt, die aber wohl, wie wir annehmen dürfen, vom Sterbenden – je nach seiner religiösen Einstellung – im Licht erkannt oder erwartet wird.

Der Befragung der »Verstorbenen« nach Sinn und Wert ihres Lebens, wie sie die Erweckten Dr. Moodys schildern, steht bei Hampe und Johannes Hemleben – in dessen Buch »Jenseits«[50] – u. a. die Erfahrung des »Lebenspanoramas«, das Erlebnis wesentlicher Stationen des Lebens, gegenüber. So erzählen Klinisch-Tote, die wieder erwachten, nachher oft, daß ihr vergangenes Leben noch einmal in Bildern an ihnen vorbeigezogen sei.

Stef. v. Jankovich nennt dieses Erlebnis, das auch er hatte, ein »phantastisches, vierdimensionales Theaterstück, das sich aus unzähligen Bildern zusammensetzte«. Es war eine Lebensbilanz, die ihn sehr beeindruckte, aber auch sehr beglückte, – und er selbst hatte die Bilanz zu ziehen, und zwar mit allen Konsequenzen, denn er identifizierte sich mit jenem »göttlichen Prinzip«, von dem er auf Seite 15 seines Aufsatzes spricht, »das als Geistfunke in jedem Menschen ist und somit unser wirkliches Ich ist«.

Hatten die wiedererweckten Menschen nach ihrem Sterbe-Erlebnis eigentlich bestimmte Vorstellungen von jenem Jenseits, in das sie doch, von wenigen Ausnahmen abgesehen, gar nicht tiefer eindringen konnten? Ich glaube, man kann diese Frage nicht für alle mit einem Ja beantworten. Aber der allgemeine

Eindruck war und blieb für alle unvergeßlich, erhebend und nachwirkend für eine große Mehrheit, weniger erfreulich und doch entscheidend für einige wenige und bestimmt nicht ohne Einfluß auf ihr späteres Leben, wie etwa im Fall jenes Mannes, der sich aus Gram über den Tod seiner Frau eine Kugel in den Kopf geschossen hatte, aber als Schwerverletzter wieder ins Leben zurückgeholt wurde, denn er sagte: »Ich kam nicht dahin, wo meine Frau war. Ich kam an einen schrecklichen Ort. Ich erkannte sofort, was für einen Fehler ich gemacht hatte.«

Zusammenfassend kann man sagen, daß in Moodys Werk wie aber auch bei anderen Autoren des gleichen Themas sicherlich keine Schwärmer am Werk waren, sondern tief beeindruckte Menschen, die den Scheintod wie ein echtes Sterben erlebt hatten und wie durch ein Wunder gerettet wurden. Wir können ohne Übertreibung sagen, daß sie alle etwas Außergewöhnliches erlebt haben, das nicht ohne Wirkung auf ihr weiteres Dasein blieb. Wir dürfen aber auch überzeugt sein, daß ihr Jenseitserlebnis ein Beweis für das Weiterleben nach dem Tode ist, auch dann, wenn sich unser Sterben nicht ganz genau so abspielen sollte, wie sie das eigene beschrieben haben.

Ereignisse »an der Schwelle« spielen sich manchmal auch anders ab, als wir es in diesem Kapitel nacherleben konnten, wie uns folgender Fall aus der Praxis der Geistheilerin Anni Ziemer zeigt:

[39] Frau Ziemer wurde einmal von der Schwester eines hochbetagten Herrn, der offenbar schon in den letzten Zügen lag, an dessen Bett gerufen, mit der Bitte, ihn, wenn möglich, noch einmal ins Bewußtsein zurückzuholen. Sie fand den alten Mann bereits völlig teilnahmslos vor und fürch-

tete schon, zu spät gekommen zu sein. Aber sie kniete neben seinem Bett nieder, nahm eine seiner Hände in ihre Rechte und versenkte sich ins Gebet, wobei sie sich wie immer an ihre jenseitigen Geistführer um Hilfe wandte. Ihre Vertiefung ins Gebet war so nachhaltig, daß sie hierbei, völlig unbeabsichtigt, in eine Halbtrance fiel. Dabei hatte sie ein beglückendes Erlebnis: Sie vernahm wundervolle Musik und erlebte ein Farbenspiel von unbeschreiblicher Pracht. – Als sie dann aus ihrem Dämmerzustand erwachte, sah sie den vermeintlich sterbenden oder schon verstorbenen alten Herrn mit rosigem Gesicht und leuchtenden, freudestrahlenden Augen vor sich liegen, den Blick auf sie gerichtet - und das erste, was er sagte, war: »Haben Sie die herrliche Musik gehört und die wunderbaren, funkelnden Farben gesehen?« So hatte auch er während der Gebetsmeditation der in Trance ruhenden und mit der Transzendenz verbundenen Heilerin das gleiche Erlebnis wie sie. Der »Sterbende«, der schon fast »drüben« war, wurde zurückgeholt und wurde dann auf wunderbare Weise wieder gesund. Erst zwei Jahre später ist er friedlich »hinübergegangen«.

Auch dies, will mir scheinen, ist ein Beweis mehr für die Geistnatur des Menschen.
Freilich wird es dem überzeugten Skeptiker auch hier nicht leicht fallen, aus all den Berichten, von denen die Rede war, die volle Überzeugung zu gewinnen, daß das Leben nach dem Erlöschen der körperlichen Kräfte tatsächlich weitergeht. Es wird auch sonst da und dort Einwände gegen die Interpretation der Sterbeerlebnisse von Klinisch-Toten als wirkliche Jenseitserfahrungen geben. Man wird von Halluzinationen, Selbsttäuschungen, Phantasien u. ä. sprechen, wenn nicht gar von Erdichtungen religiöser oder esoterischer »Schwärmer«, die sich leicht-

gläubiger Autoren und Verleger bedienten, um die Produkte ihrer Phantasie unters Volk zu bringen. Ich möchte hoffen, daß man es in Ruhe und vertrauensvoll der Jenseitsforschung überlassen wird, die Frage des wissenschaftlichen Nachweises aller mit dem Sterben zusammenhängenden Phänomene weiter aufzuhellen und tunlichst viel neues Material an Erfahrungen zu sammeln. Ich zweifle nicht daran, daß auch spätere Untersuchungen die bisherigen Forschungsergebnisse und die Erkenntnisse ernstlich um Fortschritt bemühter Frauen und Männer bestätigen werden.

Immer wieder wird die Frage gestellt, wie wohl das geistige Leben im Jenseits anknüpft an das Leben in der materiellen Welt. Darauf kann man nur antworten, daß bestimmt das Leben nach dem Tod im geistigen Sinne eine nahtlose Fortsetzung des Lebens auf Erden ist. Denn drüben gelten die gleichen göttlichen Gesetze von Gerechtigkeit und Kausalität. Wer hier Gutes gesät hat, wird im Jenseits Gutes ernten, und wer im Dunkel hinübergeht, kann drüben nicht im Licht erstrahlen.
Wir müssen annehmen, daß die Menschen, die gestorben sind und ins geistige Reich gelangen, nicht unterschiedslos das gleiche Schicksal haben, sondern daß sich ihre Entwicklung drüben gemäß ihrer geistigen und moralischen Entwicklung auf Erden und im Sinne des von ihnen nach dem Hinübergang selbst gefällten Gerichts auf verschiedenen Stufen verschiedener Dimensionen abspielt, zwischen Regionen der Tiefe und der Höhe. Dem im Geiste Weiterlebenden und Weiterstrebenden – aber nur diesem – wird Gelegenheit geboten werden, weiterzureifen zu sich selbst und zu Gott hin – freilich in einem langen Prozeß des inneren Werdens.

III. TEIL

Verstorbene melden sich wieder

»Nicht wenige Spontanerscheinungen Verstorbener sind die Grundlage eines gediegenen wissenschaftlichen Beweises für das Fortleben der Seele nach dem Tode.«

Prof. A. Gatterer S. J.

11. KAPITEL

Verstorbene werden verspürt oder telepathisch erlebt

Bisher war es unser Bemühen festzustellen, daß der Mensch seiner Natur nach ein im Geistigen wurzelndes Wesen ist. Aus einer Reihe von Erfahrungen und Beobachtungen konnten wir schließen, daß der Mensch kraft seiner Geistigkeit nicht nur ein Wesen dieser Welt ist und darauf angelegt erscheint, den Tod, als in seinem Wesenskern unsterblich, persönlich zu überleben.
Nun können wir einen Schritt weitergehen und die Frage stellen und zu beantworten suchen, ob der Abgeschiedene noch die Möglichkeit hat, in unsere Welt herein zu wirken, sich in ihr zu manifestieren oder gar in lebensvoller Gestalt in sie zurückzukehren.
Wir erinnern uns an erstaunliche Fälle der An- und Abmeldung von Menschen in Lebensgefahr oder im Sterben. Wir haben die Kraft der Seele bewundert, die sich in solchen Fällen auf mannigfache Weise, oft auch durch telekinetische Akte, äußern konnte. Wir werden sehen, daß die Wiederkehr von Abgeschie-

denen unter mannigfachen Voraussetzungen und Motivationen möglich ist.

Alle Arten von Manifestationen von Verstorbenen in den ersten Tagen, Monaten oder gar Jahren nach dem Tod nennt die Wissenschaft

Post-mortem = Erscheinungen oder *Wiedergänger = Phänomene.*

Hierzu schreibt der Parapsychologe Prof. Hans Holzer, New York: »Die Zahl der Beweise für das Leben im sogenannten Jenseits ist überwältigend. Seit Urzeiten haben die Menschen ihre Toten immer dann gesehen oder gehört, wenn es für diese notwendig war«.[51] Wir können hinzufügen: aber auch notwendig oder wichtig für die Überlebenden, denen sie sich kundtun müssen, sei es, um ein gegebenes Wort einzulösen, sei es, um lediglich die Fortdauer ihrer Existenz anzuzeigen.

An anderer Stelle sagt Holzer: »Der Tote kann auf verschiedene Art und Weise Verbindung mit den Lebenden aufnehmen. Der Kontakt kann visuell, über das Gehör oder sogar dreidimensional erlebt werden. Die überwältigende Mehrzahl der echten Phänomene tritt spontan und unerwartet auf.«[52]

Es ist eine bekannte Tatsache, daß manche Menschen nach dem Hinscheiden lieber Angehöriger oder Freunde behaupten, sie hätten mit den Verstorbenen Kontakt, indem sie sie einfach spürten, nicht ununterbrochen, aber doch hie und da und manchmal bei bestimmten Tätigkeiten, bei denen sie die Nähe der Toten fühlten – eine Tatsache, die man nicht als bloße Einbildung oder Halluzination abtun sollte. Manchmal können die Betreffenden genau angeben, wo im Raum sich gerade die unsichtbare Erscheinung befindet. Die Empfindung, daß jemand im Geiste da ist, kann dabei außerordentlich stark sein, während andere Menschen überhaupt nichts empfinden müssen.

Hier sei hingewiesen auf Stewart E. White, der in seinem Buch

»Das uneingeschränkte Weltall« die Gefühle beschreibt, die ihn überwältigten, als er die Nähe seiner erst kurz vorher verstorbenen Frau Betty verspürte: »Ich fühlte mich plötzlich glücklich und gehoben, ohne jeden äußeren Anlaß, kein Stich durchs Herz –« »Ich glaubte, es nicht aushalten zu können, aber den ganzen Abend hatte ich ein Gefühl von Betty und ein Gefühl des Friedens, das ich nie für möglich gehalten hätte.« – »Wenn ich an Betty denke, so kann ich mir unmöglich ein Gefühl der Verlassenheit *aufzwingen.* Sie ist einfach *hier.*« – »Es war eine erstaunliche Erfahrung von wunderbarer Gewalt ... Ich rief einfach nach ihr und sie war augenblicklich gegenwärtig, und dies mit solcher Intensität, daß ich selbst völlig über den Haufen geworfen wurde.«[53]

Eine solche Präsenz eines verstorbenen Menschen kann durch ein zufällig anwesendes Tier – einen Hund oder eine Katze – bestätigt werden, da diese hochentwickelten individualisierten Haustiere oft erstaunliche seelische Qualitäten haben und ganz bestimmt über paranormale Wahrnehmungsfähigkeiten verfügen. So schreibt man ihnen die Gabe zu, die Anwesenheit von Verstorbenen früher und besser als Menschen zu fühlen. Da sie aber vor solchen Erscheinungen meist Angst haben, pflegen sie sich aus ihrer Nähe unter Mißfallensäußerungen, wie bellen, heulen, winseln, fauchen, rasch zurückzuziehen. Andererseits weiß man, daß Hunde beim Erscheinen ihres verstorbenen Herrn freudig jaulend oder bellend und mit dem Schwanz wedelnd im Kreis dort herumzuspringen oder sich sonstwie auffallend zu verhalten beginnen, wo sie – und meist nur sie allein – den Verstorbenen sehen oder verspüren.

Dazu brachte die parapsychologische Zeitschrift »Neue Wissenschaft« einen Beitrag von Frau L. Graf:

[40] Darin berichtet sie, daß ihr Hund eines Tages, längere Zeit nach dem Tod ihres Mannes, während sie mit ihm auf dem

Sofa saß, ein merkwürdiges Verhalten zeigte, aus dem sie schließen konnte, er müsse jemand über sich sehen, über dessen Erscheinen er sich freute. Seine Augen begannen zu leuchten, sein Schwanz wedelte immer heftiger hin und her. Die Dame war überzeugt, daß es ihr verstorbener Mann war, der sich dem Hund zeigte. »Niemand sonst«, meinte sie, »hätte mein Hund mit solcher leidenschaftlicher Freude begrüßen können.« Sie selbst hatte gleichzeitig nur das Empfinden von Kälte, wie man es oft beim Erscheinen von Geistwesen spürt, und einer leichten Berührung im Nacken. »Es glitt wie eine kleine Eiskugel über meine ganze Wirbelsäule hin, und ich wurde für kurze Augenblicke eingehüllt in einen geheimnisvollen Schauer« . . . [54]

Durch Verstorbene hervorgerufene »stille« Kontakte hören normalerweise nach kurzer Zeit wieder auf. Sie können sich allerdings auch über eine längere Zeit hinziehen. Man behauptet, dies sei besonders dann der Fall, wenn der Schmerz der Angehörigen über den erlittenen Verlust sehr intensiv ist, weil dies die Abgeschiedenen geradezu in den menschlichen Bereich zurückziehe.

[41] Frau Braun erzählt, daß sie lange nach dem Tod ihrer Mutter mit dieser innerlich sehr verbunden war und ihren Weggang nicht überwinden konnte. Eines Tages saß sie im Garten auf einer Bank und war in Gedanken wieder bei ihrer lieben Toten. Plötzlich hatte sie das Gefühl, von jemandem angeblickt zu werden. Sie wandte ihren Kopf seitwärts und sah ihre Mutter in einem weißen Kleid auf der Gartenmauer sitzen, sie mit einem freundlichen Lächeln anblickend. Danach verschwand die Erscheinung plötzlich wieder. Von da ab war ihr eine schwere Last vom

Herzen genommen, und auch ihre Mutter erschien nicht wieder.

Es kommt auch vor, daß sich Verstorbene völlig fremden Menschen, deren paranormale Fähigkeiten sie erkennen, telepathisch mitzuteilen versuchen. Sie tun dies in Gedanken, die dann übersinnlich, also nicht über das Gehörorgan, als Worte empfangen werden. Sie können sich aber der betreffenden Person auch »zeigen«, wenn diese visionär veranlagt ist, sind aber nur ihr sichtbar und hörbar.
Ein Beispiel hierfür bringt die Parapsychologin Gerda Walther († 1977), die die Gabe hatte, fremde Subjekte - auch Verstorbene - telepathisch zu erleben, u. zw. immer dann, wenn sie – die bekannte »Auraseherin« – mit der Aurastrahlung der betreffenden Geistwesen in Kontakt geriet (wobei die Vorstellung, daß auch Verstorbene noch eine Aurastrahlung haben, unser besonderes Interesse verdient). Über ein Erlebnis dieser Art berichtet sie sehr ausführlich in einem Aufsatz in der Zeitschrift »Neue Wissenschaft«.

[42] Darin erzählt sie, wie sie einmal ohne innere Beziehung einen ihr nur dem Namen und dem Bilde nach bekannten Mann, der 1934 bei dem Putsch gegen die Münchner SA ein gewaltsames Ende fand, telepathisch erlebte, wobei sie einmal deutlich die in Entrüstung geäußerten Worte erhielt: »Ich bin kein Schuft. Ich habe das Beste gewollt, vielleicht habe ich mich geirrt, irren ist menschlich – aber ein Schuft bin ich nicht!« G. Walther fügt hinzu: »Diese Worte waren durchtränkt von der ›starken Aura‹ des Mannes«, einer Aura, die sie nämlich schon einmal bei Betrachtung eines Bildes von ihm in einem Schaufenster verspürt hatte. Sie wurde nun von dem Verstorbenen über lange Zeit mit sprachlichen Mitteilungen geradezu verfolgt.

Auch seine »mächtige Aura« bekam sie immer wieder zu fühlen. »Manchmal strömte seine Ausstrahlung so stark in mich ein, daß ich fürchtete, in Trance zu fallen«, so ihre Worte. – Es wäre falsch, hier etwa an eine Art Besessenheit zu denken, denn der Geist des Verstorbenen war ja nicht in den Körper von G. W. eingedrungen, um sich neu zu inkorporieren; er wirkte nur telepathisch auf sie ein. – Der unfreiwillige Kontakt mit dem Verstorbenen dauerte fast ein Jahr, bis ihr dieser schließlich in überlebensgroßer Gestalt und als offenbar seelisch-geistig Erlöster mit einem verklärten Ausdruck in den Augen erschien und dann für immer verschwand.[55]

12. KAPITEL

Verstorbene lösen Absprachen ein

Anmeldungen von Verstorbenen treten häufig dann ein, wenn die Betreffenden noch bei Lebzeiten mit anderen verabredeten, sie würden sich nach dem Tode zum Beweise ihres Weiterlebens irgendwie manifestieren. Dies geschieht dann auch tatsächlich oft unter einem gewissen Erfüllungszwang. Die Wissenschaft spricht dann von »intentionalen Akten«, also von Vorgängen, denen eine Absicht zugrunde liegt. – Der Abgeschiedene findet nicht eher Ruhe, als bis er sich in irgendeiner Weise bemerkbar gemacht hat und seine Kundgabe auch richtig verstanden und gedeutet worden ist. Dafür gibt es viele glaubwürdige Fälle, wie die folgenden Beispiele zeigen sollen.

[43] Der Kirchenhistoriker Prof. Dr. August F. Ludwig († 1948), ein erfahrener Parapsychologe, führte mit einem Freisin-

ger Bürger oft auch Gespräche über die Möglichkeit des Weiterlebens und die Unsterblichkeit. Eines dieser Gespräche schloß der Mann mit den Worten: »Herr Professor, wenn ich früher sterbe als Sie und dann wirklich weiterleben sollte, werde ich mich bei Ihnen melden.« Lachend soll Prof. Ludwig darauf geantwortet haben: »Wenn es unbedingt sein muß, erschrecken Sie mich wenigstens nicht!« – Es vergingen Monate, eines Tages geschah folgendes: Prof. L. grübelte gerade über ein Problem nach und ging dabei, in Gedanken versunken, im Zimmer auf und ab. Dabei kam er immer wieder an einer großen Standuhr vorbei, deren Perpendikel im ruhigen Gleichmaß hin und her pendelte. Auf einmal bemerkte Dr. L., daß der Perpendikel sich langsamer bewegte und schließlich stehen blieb. Darüber war er sehr erstaunt, denn die Uhr war gerade erst aufgezogen worden. Er gab also dem Perpendikel wieder einen Stoß, aber das nützte nichts, er pendelte zurück und blieb stehen. Prof. L. war also überzeugt, daß die Uhr wider Erwarten schadhaft geworden war, und er war entschlossen, sie von einem Uhrmacher überprüfen zu lassen. – Als er am nächsten Morgen früh – es war ein Sonntag, wieder gewohnheitsgemäß ein paarmal im Zimmer auf und ab schritt, stellte er auf einmal fest, daß der Perpendikel der Uhr, der eben noch bewegungslos war, plötzlich wieder zu pendeln anfing. Prof. L. konnte sich nicht genug wundern. – Als er dann in die Kirche kam, machte ihm jemand die Mitteilung, daß jener Bürger, der ihm seine Anmeldung für den Fall seines Weiterlebens angekündigt hatte, am Tag vorher – u. zw. noch bevor die Uhr stehenblieb, friedlich entschlafen war.

Der Mann hatte sich also getreu der Absprache zweimal gemeldet: bald nach seinem Tod am Samstagnachmittag durch das

Anhalten des Perpendikels und am Sonntag durch das In-Gang-Setzen der Uhr. Es war für Prof. Ludwig, der ja an sich an das Weiterleben glaubte, ein vollkommener Beweis für die Fähigkeit des Verstorbenen, sich zweimal durch einen telekinetischen Akt einwandfrei kundzutun. Der beabsichtigte Vorgang wiederholte sich aber zweimal, weil der Verstorbene erkannt hatte, daß seine erste Manifestation unmittelbar nach seinem Hingang von Prof. Ludwig nicht erkannt worden war.

[44] Prof. W. C. Tenhaeff gibt in seinem Buch »Kontakte mit dem Jenseits?« einen sehr interessanten Fall von Absprache wieder: Der spätere englische Staatsminister Lord Brougham and Vaux († 1868) und einer seiner Freunde hatten einander in jungen Jahren in einer mit ihrem Blut geschriebenen Vereinbarung versprochen, daß derjenige von ihnen, der zuerst stürbe, dem anderen erscheinen müßte, um damit sein Weiterleben zu bekunden.

Darauf vergingen Jahre, die Freunde trafen sich nicht mehr und die Erinnerung an den Freundschaftspakt war schließlich verblaßt, als Brougham einmal auf einer Reise nach Schweden kam und in Göteborg abstieg. ... Gleich nach seiner Ankunft nahm er ein Bad. Da sah er plötzlich auf einem Stuhl, auf dem er seine Kleider abgelegt hatte, seinen alten Freund sitzen, »der ihn ruhig anschaute. In großer Erregung verließ er das Bad, worauf die Erscheinung verschwand«. Jetzt erinnerte sich Brougham der Absprache mit seinem Freund, an die er gar nicht mehr gedacht hatte. Bald nach seiner Rückkehr nach England wurde ihm der Tod des Freundes bestätigt.[56]

In diesem Fall war die verabredete Anmeldung mit dem »persönlichen« Erscheinen des Freundes in *der* Gestalt verbunden, die dem Freund noch in Erinnerung war. Man spricht in einem solchen Fall von einer wirklichkeitsgetreuen materialisierten Nachbildung eines Menschen, einem sogenannten Phantom oder Erscheinungsbild. Bemerkenswert ist, daß solche Phantome (wie sie auch als Astralphantome beim Seelenaustritt eines Lebenden oder im Spuk vorkommen) entweder als Doppel eines noch lebenden oder eines ehemals lebenden physischen Körpers erscheinen und sich stets in der für sie charakteristischen Kleidung zeigen. Diese Äußerlichkeit – gewissermaßen ein Mittel zur Erleichterung der Identifikation – geht zurück auf die schöpferische Kraft der Seele, die den zu ihr gehörigen Menschen sichtbar machen will.

Ein weiterer Fall, in dem eine Verabredung eingelöst werden sollte, wurde 1911 in der Mai-Ausgabe der Zeitschrift Filosofia della scienza, Palermo, berichtet. Er soll hier gekürzt wiedergegeben werden:

[45] Der Arzt Dr. Caltagirone, Palermo, hatte von seinem Patienten und Freund Benjamin Sirchia gelegentlich eines Gesprächs über mediumistische Erscheinungen und die Frage der Unsterblichkeit des Menschen scherzhafterweise das Versprechen erhalten, er würde ihm, wenn er vor ihm stürbe, ein Zeichen seines Fortlebens geben. Hierauf erwiderte ihm der Arzt ebenso scherzhaft, dann müßte er dies so demonstrieren, daß er etwas an der Hängelampe über dem Tisch im Speisezimmer zerbreche. – Der Patient verreiste noch am selben Tag nach Licata und der Arzt hörte von da an nichts mehr von ihm. – Er hatte schließlich die Sache ganz vergessen, als er und seine Schwester, die bei ihm wohnte, am 1. oder 2. Dezember im Speisezimmer mehrere leichte Schläge an die Hängelampe hörten. Die Schläge wurden zuerst an die Glocke und dann gegen das Porzellanhütchen über dem Zylinder geführt. Sie verstärkten sich dann und wiederholten sich an vier

oder fünf Abenden, bis schließlich das Hütchen in zwei Teile zersprang, die jedoch oben hängen blieben. – Am Morgen darauf gegen 8 Uhr ertönte aus dem Speisezimmer ein sehr heftiger Schlag, wie wenn jemand mit einem Stock auf den Tisch geschlagen hätte. Dr. Caltagirone und seine Schwester stürzten sofort ins Speisezimmer und sahen, daß die eine Hälfte des Porzellanhütchens, wie von menschlicher Hand dorthin gelegt, auf dem Tisch lag, während die andere noch über dem Zylinder hing. Der Arzt dachte noch immer nicht an seinen Patienten Sirchia als Urheber der Vorfälle; doch zwei Tage später erfuhr er von seinem Kollegen Dr. Rusci, daß Sirchia bereits in den letzten Novembertagen gestorben war.

Der Parapsychologe Ernesto Bozzano meint zu diesem, auch sonst in der Literatur[57] oft erwähnten und glänzend belegten Fall, daß der auf gutem Menschenverstand beruhende Beweis für das Weiterleben des Patienten Sirchia nur »ein Beweis für irdische Verhältnisse« bleibe. Er findet ihn also nicht ganz überzeugend. Anders Prof. Tenhaeff, der den Fall ebenfalls veröffentlicht hat und dazu erklärt, daß er geneigt sei, die Manifestationen des Verstorbenen für möglich zu halten; dieser Auffassung bin auch ich. Ich möchte Versuche, die beschriebenen Vorfälle auf Telepathie zurückzuführen, ablehnen, weil mir Vermutungen in dieser Richtung erzwungen scheinen. Die einzige logische Erklärung des Falles ist die spiritualistische. Denn allein der Umstand, daß die Ereignisse sich mehrere Tage hintereinander wiederholten und am sechsten mit dem »sanften« Hinlegen der einen Hälfte des Lampenschirmes ihren Höhepunkt erreichten, läßt m. E. die einzig mögliche Schlußfolgerung zu, daß die Phänomene psychokinetisch durch den Geist des Verstorbenen hervorgerufen wurden. Auch hier fällt auf, daß sich die Bekundungen wiederholten.

[46] Der nächste Fall betrifft Comollo, den Jugendfreund des später heiliggesprochenen Don Bosco. Beide hatten einander noch während ihrer Studienzeit das Versprechen gegeben und dann mehrmals bekräftigt, daß der von ihnen zuerst Sterbende dem anderen Kunde vom Zustand seiner Seele geben solle. Bald nachher wurde Comollo schwer krank und starb nach kurzer Zeit. In der Nacht vom 3. auf den 4. April 1839, die auf den Begräbnistag folgte, lag Bosco mit 20 anderen Studenten des theologischen Seminars im Schlafsaal. »Ich lag im Bett«, erinnerte er sich später, »schlief aber nicht, sondern dachte an unser Versprechen, und mein Herz war gleichsam im Vorgefühl dessen, was kommen sollte, von Furcht beklommen.« – »Es schlug Mitternacht, da hörte ich ein dumpf rollendes Geräusch vom Ende des Ganges her, das immer deutlicher, immer lauter, immer tiefer wurde, je mehr es sich näherte. Es hörte sich an, wie wenn ein Lastwagen von vielen Rossen gezogen würde; wie ein Eisenbahnzug, wie der Schuß einer Kanone . . . Die Seminaristen im Schlafsaal wachten auf, aber keiner sprach, ich selbst war von Furcht wie versteinert. Da öffnete sich die Tür ungestüm von selbst, der Schall wurde immer heftiger, ohne daß man etwas anderes wahrnahm als ein mattes Licht von wechselnder Farbe, das den Schall zu regeln schien.«

»Mit einem Mal trat tiefe Stille ein, das Licht leuchtete lebhafter auf und man vernahm deutlich die Stimme Comollos . . ., der dreimal hintereinander die Worte sprach: »Bosco, Bosco, Bosco, ich bin gerettet«.

»In diesem Augenblick war der Schlafsaal noch heller, das Getöse ließ sich von neuem und noch viel heftiger hören . . . Die Seminaristen waren aus den Betten gesprungen und flüchteten, ohne zu wissen, wohin . . .«

Seinen Bericht schloß Bosco mit den Worten: »Ich verfiel

in eine Krankheit, die mich an den Rand des Grabes brachte und meine Gesundheit derart schwächte, daß sie erst nach vielen Jahren ihre frühere Stärke wieder erreichte.«[58]

Der beschriebene Fall gibt uns zu denken; denn zweifelsohne können Verabredungen, sich nach dem Sterben wieder zu melden, zu Erscheinungen führen, die einen ausgesprochen spukhaften Charakter annehmen und für den Erlebenden geradezu gefährlich werden können. Es scheint nicht ganz in der Macht des Sichanmeldenden zu liegen, wie sich seine Erscheinung als Folge eines psychokinetischen Kraftaktes vollzieht. Man sollte daher lieber Absprachen unterlassen, wie sie in diesem Kapitel besprochen wurden. – Im letzten Fall – darauf sei besonders hingewiesen – handelt es sich nicht um eine Absprache, das Weiterleben zu beweisen, sondern davon Kunde zu geben, in welchem nachtodlichen Zustand sich der verstorbene Partner befindet. Comollo bestätigte, er sei »gerettet«, also im Zustand der Gnade. Der Verstorbene mußte sich also nicht nur psychokinetisch bemerkbar machen oder sich als Erscheinung zeigen, sondern sich sprachlich artikulieren. Dies ist dann in Begleitung von so ungewöhnlichen Poltergeist-Phänomenen und einer ganz merkwürdigen Lichterscheinung »von wechselnder Farbe« geschehen.
Zum Schluß folge noch ein Beispiel von Abrede, das dem vor dem Zweiten Weltkrieg bekannten Buch »Brücke zum Jenseits« entnommen ist.

[47] Berichterstatter ist Prälat Segur, der folgendes aus dem Leben seines Großvaters erzählt: »Mein Großvater, Graf Rostopchin, Gouverneur von Moskau, war sehr befreundet mit dem General Graf von Orloff, der ebenso berühmt war durch seine Tapferkeit wie durch seinen Unglauben.

Eines Abends nach dem Abendessen begann der General mit seinem Freund V. über Religion und insbesondere über die Hölle sich lustig zu machen. ›Und wenn's zufällig doch etwas hinter dem Vorhang dieser Welt geben sollte, soll der von uns beiden, welcher zuerst gehen muß (sterben muß), dem anderen davon Bericht bringen, wie's hinter dem Vorhang ausschaut.‹ Beide Generale verpflichteten sich durch Ehrenwort und Handschlag zu dieser Benachrichtigung aus dem Jenseits. Einige Wochen später wurde im napoleonischen Krieg General V. auf einen wichtigen Posten des Schlachtfeldes gestellt.

Mein Großvater kleidete sich eines Morgens eben an, als seine Zimmertür aufgerissen wurde und Graf von Orloff hereinstürzte, bleich wie ein Toter, im Schlafrock, in den Pantoffeln und die Haare wirr zu Berge stehend. ›Freund!‹ stieß er hervor, ›ich fürchte, ich werde verrückt. Ich habe den General V. gesehen.‹ – ›Den General V.? Ist der schon zurückgekommen?‹ fragte mein Großvater, von allem sehr überrascht. ›Nein, nein!‹ erwiderte Graf von Orloff, warf sich erschöpft aufs Sofa, stützte den Kopf in beide Hände. ›Nein, er ist nicht zurück, und das ist's eben, was mich erschreckt. Lieber Rostopchin! Vor einiger Zeit haben V. und ich uns gegenseitig das Ehrenwort gegeben, daß der, welcher zuerst von uns sterben werde, dem anderen sagen solle, ob es noch etwas hinter dem Vorhang dieser Welt gebe. – Diesen Morgen nun, es kann kaum eine halbe Stunde her sein, lag ich ruhig in meinem Bett; ich war schon längere Zeit wach und dachte nicht im mindesten an meinen Freund, als plötzlich die beiden Vorhänge meines Bettes mit Gewalt aufgerissen wurden und ich zwei Schritte vor mir den General V. stehen sah; er war bleich, hatte die rechte Hand auf die Brust gelegt und sagte mir: ›Es gibt eine Hölle, ich bin darin!‹ und verschwand. Ich bin auf und davongelaufen, um Sie aufzusuchen. Ich verliere den Kopf. – Es ist eine sonderbare Sache.‹ Mein Großvater suchte es ihm auszureden, sprach von Halluzinationen usw. – Später ließ er anspannen und den Grafen in sein Hotel zurückfahren. Zwölf Tage später brachte der Kurier aus der Armee meinem Großvater die Nachricht vom Tode des Generals V. Am selben Tag, und zwar zur selben Stunde, da ihn Graf von Orloff gesehen und gehört hatte, war er bei einer Rekognoszierung von einer Kugel tödlich getroffen worden.«[59]

Ein Fall, der uns sicher zu denken gibt. Wir können den Wahrheitsgehalt der Geschichte nicht nachprüfen, haben aber andererseits keinen Grund, den geschilderten Sachverhalt anzuzweifeln. Unbestimmt ist nur, ob der sich wieder meldende General V. wirklich in der Hölle war oder ob er »nur« den Zustand seelischer Verlassenheit, in den er sich als ungeläuterter sündiger Mensch gestoßen fühlte, mit Grauen als Hölle empfand. – Sicherlich handelt es sich bei dieser Geschichte um einen der wenigen Fälle eingelöster Absprachen, die uns nicht nur das Weiterleben beweisen, sondern uns auch einen Einblick in jenseitige Seinszustände geben.

13. KAPITEL

Verstorbene intervenieren oder helfen

Als beweiskräftig für unser Thema erweisen sich solche Wiedergänger-Erscheinungen, die der Absicht des Verstorbenen entspringen, Lebende vor etwas zu beschützen oder ihnen sonstwie zu helfen. Die Verstorbenen erscheinen in lebensge-

treuer Gestalt, benehmen sich wie Lebende und sprechen auch oft wie Lebende, so daß sie als Jenseitige meist gar nicht erkannt werden.
Professor Hans Holzer schildert das Erscheinen seiner Mutter:

[48] »Ich beschäftigte mich schon zehn Jahre lang als Forscher auf diesem Gebiet (der Jenseitsforschung, d. Verf.), ohne je selbst das geringste Erlebnis gehabt zu haben. Dann aber, im Jahr 1958, ich wohnte in einem Apartmenthaus am Riverside Drive in New York, glitt mir eines Nachts im Schlaf der Kopf vom Kissen und hing über den Bettrand herunter. Da ich an niedrigem Blutdruck leide, konnte dies starke Kopfschmerzen zur Folge haben. Wäre ich fünf oder zehn Minuten in dieser Lage geblieben, hätte ich mich am Morgen sicher sehr unwohl gefühlt. Plötzlich spürte ich aber eine Hand auf meiner Stirn, die meinen Kopf wieder auf das Kissen zurücklegte. Die Hand war kalt. Ich wachte auf. Es war eine Mondscheinnacht, und es war sehr hell im Zimmer. Ich blickte auf und sah zu meinem Erstaunen meine Mutter etwa einen oder zwei Meter entfernt vor mir stehen. Sie trug etwas, das ich nur als ein Nachthemd bezeichnen kann, sie war ziemlich blaß und lächelte schwach. Im nächsten Augenblick war sie verschwunden. Ich war vollständig wach, als dies geschah. Während sie zwischen den Fenstern stand, warf sie einen deutlichen Schatten an die Wand. Es war klar eine Silhouette auf dieser Wand zu sehen, also war sie keine zweidimensionale Erscheinung, sondern eine echte Materialisation. Sie war gekommen, um mich vor Schaden zu bewahren. Ich habe sie seither nicht wiedergesehen.«[60]

Dieses Erlebnis des bedeutenden Forschers ist aus mehrfachen Gründen bemerkenswert. Es beweist, was auch an anderer

Stelle ausgesprochen wird, daß Tote, zumindest in den ersten Jahren nach ihrem Hinscheiden, geliebten Menschen nahe sind, sie also auch beobachten können. Darum hat die Mutter Professor Holzers auch um die für seine Gesundheit nachteilige Kopflage während des Schlafes gewußt. Man könnte auch annehmen, daß Verstorbene mit Menschen, die ihnen nahestehen, in ständigem geistigen Kontakt sind und daher auch von Gefahren wissen, die jenen drohen. – Ferner beweist der Fall, daß Jenseitige wie Menschen aus Fleisch und Blut, also vollmaterialisiert, erscheinen können (daß sie greifen können, Schatten werfen usw.). Die Materie dazu kann der Verstorbene entweder von einem lebenden Menschen beziehen oder er nützt sonst irgendeine andere Kraft, »um sich mit ektoplastischer Substanz zu kleiden«. – Unter Ektoplasma versteht man eine feinstoffliche Substanz, die bei Materialisationsphänomenen aus dem Körper eines Mediums, also eines lebenden Menschen, austritt und vom Geistwesen, das sich verkörpern will, zur Verstofflichung verwendet wird. – Schließlich kann das Lächeln der erscheinenden Mutter auch ein Ausdruck der Freude darüber sein, daß sie dem geliebten Sohn habe helfen können. Auch dies kann als Beweis für die Echtheit des Falles gelten.

Der nächste Fall geht auf einen Artikel im Katholischen Digest zurück, in dem ein Abbé Labutte über ein geradezu unwahrscheinliches, aber als echt erwiesenes Erlebnis im Jahr 1944 berichtet (wiedergegeben in dem Buch »Abschied ohne Wiederkehr?« v. Rud. Passian)[61]:

[49] Eines Nachts war er nach schwerer Tagesarbeit eben mit dem Lesen seines Breviers beschäftigt, als die Türglocke des Pfarrhofes schellte. Er eilte hinaus und sah an der Schwelle eine Frau von etwa 40 Jahren stehen. Flehentlich bat sie ihn: »Herr Abbé, kommen Sie schnell! Es handelt

sich um einen jungen Mann, der sterben wird!« Der Abbé antwortete: »Madame, ich werde morgen früh vor der 6-Uhr-Messe kommen.« Darauf sagte sie: »Herr Abbé, es wird zu spät sein, ich beschwöre Sie, zögern Sie nicht!« – »Gut, schreiben Sie mir also bitte den Namen nebst Adresse, Hausnummer und Stockwerk in mein Vormerkbuch.«

Die Frau eilte in das Empfangszimmer. Jetzt sah sie der Abbé in voller Beleuchtung: ihr Gesicht war schmerzerfüllt. Sie schrieb den Namen in sein Buch und darunter: »37 Rue de Descartes, 2. Stock.« – Auf die Worte des Geistlichen: »Sie können sich auf mich verlassen, Madame! Ich werde in 20 Minuten dort sein«, antwortete sie halblaut: »Sie sind müde. Gott möge Sie dafür in der Stunde der Gefahr beschützen!« Dann verschwand sie in der Nacht.

Nachdenklich folgte ihr der Abbé nachher und fand schließlich nach einigem Suchen in der dunklen Nacht die angegebene Adresse. Zum Glück war die Haustür offen. Im Schein seiner Taschenlampe erreichte er auch den 2. Stock und klingelte an der bezeichneten Tür. Ein junger Mann, etwa 20 Jahre alt, erschien und betrachtete den nächtlichen Besucher mit ehrfürchtigem Erstaunen. »Ich komme zu einem Kranken in Todesgefahr«, sagte der Abbé, »das ist doch hier?« »Nein, Herr Abbé, das ist wohl ein Irrtum.« »Doch, man hat mir gesagt, in Nr. 37 der Rue Descartes, 2. Stock.« »Das ist zwar Nummer 37 dieser Straße, 2. Stock. Ich bin ein junger Mann«, fügte er lächelnd hinzu, »aber ich bin durchaus nicht am Sterben.«

Der Abbé zeigte nun dem jungen Mann sein Vormerkbuch. »Wahrhaftig, Herr Abbé, mir scheint, daß ich diese Schrift kenne; wie gleicht sie doch derjenigen meiner ... aber nein, das ist doch sonderbar! Ich wohne allein mit meinem Vater, der augenblicklich Nachtdienst in der Fabrik hat. Das alles ist sicher ein Irrtum. Die Frau hat wahrscheinlich ›Rue Despartes‹ schreiben wollen und hat aus Versehen ›Descartes‹ geschrieben. Doch treten Sie nun einige Minuten ein, Herr Abbé! Sie frieren, ich mache Ihnen schnell einen Grog.« In dem eleganten kleinen Salon lagen offene Bücher auf dem Diwan. »Ich hörte soeben ein wenig ungarische Musik«, sagte der junge Mann und stellte das Radio ab. Dann fuhr er fort: »Herr Abbé, es sind schon zwei Jahre, daß ich Sie sprechen wollte, aber ich fand nicht den Mut, Sie aufzusuchen.« Er lächelte verlegen und gestand: »Ich bin ein verlorener Sohn.«

Auf dem Diwan sitzend, erzählte er nun dem Geistlichen sein ganzes Leben ... »Ich verließ ihn, nachdem ich ihn mit Gott ausgesöhnt hatte«, berichtet der Abbé und fährt fort: »Dann eilte ich nach der Rue Despartes. Unterwegs dachte ich immer noch an den merkwürdigen Besuch, den ich eben gemacht hatte ... aber wir Geistlichen sind an solch sonderbare Vorkommnisse gewöhnt. – Von den Türmen der Stadt schlug es gerade Viertel zwei Uhr. Plötzlich fingen die Sirenen an zu heulen. Fliegeralarm! Ich begann zu laufen was ich konnte, aber es gab überhaupt keine Nummer 37 in der ganzen Rue Despartes. Die Straße endete mit der Nummer 16.« Schon fielen die ersten Bomben im Norden der Stadt. Der Abbé flüchtete in den nächsten Luftschutzkeller. Dort verbrachte er mit vielen Menschen eine schreckliche Dreiviertelstunde. Als er hinausging, beleuchtete greller Feuerschein die Dächer der Stadt. Er begab sich rasch zur nächsten Unfallstelle, wo bereits mehrere hundert Verwundete und Tote beisammen lagen. Vielen konnte er noch die Absolution erteilen und die letzte Ölung spenden.

Plötzlich stieß er mit dem Fuß an die Leiche des jungen

Mannes, den er von der Nummer 37 der Rue Descartes her kannte. Vor kaum einer Stunde hatte er ihn verlassen ...

»Ich suchte nach seiner Brieftasche und fand u. a. einen vergilbten Brief mit Fotos. Das eine davon stellte eine Frau von ungefähr 40 Jahren dar. Ich sprang auf. Das war ohne Zweifel das Bild der Frau, die mich gegen Mitternacht im Pfarrhaus gebeten hatte, gleich den jungen Mann zu besuchen. Auf der Rückseite des Bildes stand das Wort ›Mama‹. Eine andere Fotografie stellte sie auf dem Totenbett dar, die Hände gefaltet, mit dem Rosenkranz, und enthielt die zwei Daten 1898 – 8. April 1939.«

»Denken Sie nun von diesem Vorfall, was Sie wollen«, schloß der Abbé seinen Bericht. »Für mich besteht kein Zweifel. Es war die Mutter des jungen Mannes gewesen, die aus der Ewigkeit gekommen war.«

Der Parapsychologe und Jenseitsforscher Bruno Grabinski hat sich später, als er dem Fall nachging, vergewissert, daß der geschilderte Fall auf Tatsachen beruht. Mit Hilfe von Freunden in Frankreich kam er in den Besitz einer am 29. 12. 1947 ausgestellten Erklärung des Abbé, in der dieser »auf seine priesterliche Ehre« versichert, daß die von ihm berichteten Vorgänge der Wahrheit entsprechen.

Der Fall ist für uns in mancher Hinsicht sehr bedeutsam. Er fällt zunächst durch die Lebensechtheit der Erscheinung der Mutter auf, die bereits fünf Jahre vorher gestorben war, aber nicht minder dadurch, daß sie genau um das Schicksal und den seelischen Zustand ihres Sohnes wußte und ihn geistlich retten wollte, ehe er dem ihm bestimmten Tod verfallen sollte. Wie jedes andere Vorkommnis, das in diesem Kapitel beschrieben wird, ist dieser Fall ein vollgültiger Beweis für das Fortleben nach dem Tode und die der Geistseele innewohnende Kraft, sich unter bestimmten Umständen wieder in materieller Gestalt auf Erden zu zeigen und sogar in menschliche Schicksale einzugreifen.

Ein dritter Fall beruht auf einem Erlebnis der Schweizer Ärztin Dr. Elisabeth Kübler-Ross, der wir bereits bei den Sterbeerlebnissen begegnet sind. Der Bericht darüber stammt von C. E. Downy und läßt den Schluß zu, daß es sich hierbei um eine seriöse Wiedergabe eines einmaligen Vorkommnisses handelt.

[50] Frau Dr. E. Kübler-Ross, seit Jahren in der psychiatrischen Arbeit tätig, hat derzeit die Leitung des Mental Health Center of South Cook County in Flossmoor/Illinois, USA, inne. Sie hatte eines Tages im Flur ihres Büros in der Universität Chikago die Begegnung mit einer Frau, die sie als die ehemalige Patientin S. identifizierte, die aber, wie sie genau wußte, elf Monate vorher gestorben war. Wie sie nachher sagte, »blockierte« zuerst ihr Gedächtnis, da sie begreiflicherweise sich selbst nicht eingestehen wollte, eine Verstorbene vor sich zu haben. Die Frau trat näher an sie heran und fragte: »Macht es Ihnen etwas aus, wenn ich Ihnen zwei Minuten Ihrer Zeit stehle?« Frau Dr. Kübler-Ross versuchte, mit der seltsamen Situation fertig zu werden und sie richtig zu deuten, aber es gelang ihr nicht ganz. – Sie gingen dann zusammen zu ihrem Büro am Ende des Flurs, wobei sie versuchte, ihre Besucherin sanft am linken Arm zu berühren. Aber »sie fühlte sich an wie jede andere Person, obwohl sie wie aus Wachs aussah«. Frau Dr. Kübler-Ross erinnerte sich jetzt genau an Frau S., die ihr nach mehr als 15 Intensivbehandlungen erzählte, wie sie sich gefühlt habe, als sie einmal eine Astralprojektion (eine Separation) erlebte. Und nun stand sie wie eine Lebende vor der Ärztin und erklärte ihr kurz, warum sie wieder gekommen sei: »Ich mußte aus zwei

Gründen herkommen. Zuerst möchte ich Ihnen und auch Mwalimu Imara (ein Arztkollege von Dr. Kübler-Ross, der mit der Verstorbenen zu Lebzeiten befreundet war), für die Hilfe danken, die Sie mir zukommen ließen. Aber der wichtigste Grund ist, Ihnen zu sagen, daß Sie Ihr Werk über den Tod und das Sterben fortsetzen müssen und nicht aufhören dürfen.« Frau Dr. Kübler-Ross gesteht später, sie sei sich vorgekommen wie in einem Traum. Wie sollte dies alles möglich sein?

»Verstehen Sie mich, Dr. Ross«, begann die Frau von neuem. »Begreifen Sie, daß Sie mit diesem Werk nicht aufhören dürfen, nicht jetzt!«

In diesem Augenblick war Dr. Kübler-Ross überzeugt, daß die Erschienene tatsächlich die längst verstorbene Patientin war. Aber wie sollte sie dies anderen begreiflich machen? Da kam ihr der Gedanke, die Erschienene etwas schreiben zu lassen, u. zw. an ihren ehemaligen Freund, den Arzt Mwalimu Imara, und darum reichte sie ihr Papier und einen Füller und sagte: »Wußten Sie, daß M. Imara eine neue Kirche übernommen hat und sich sehr freuen würde, wenn Sie ihm einen kurzen Gruß aufschreiben?« Frau S. nahm ohne weiteres Papier und Füller, schrieb einen kurzen Gruß an den Arzt und unterschrieb mit ihrem vollen Namen.

Nun konnte sich Frau Dr. Kübler-Ross nicht mehr zurückhalten und rief aus: »Mein Gott, kann das möglich sein!« Da wiederholte die Erscheinung: »Frau Ross, Sie können Ihr Werk über den Tod und das Sterben noch nicht aufgeben. Jetzt noch nicht, Ihre Mission hat erst jetzt begonnen, und es ist nicht an der Zeit, aufzuhören. Sie werden es dann erfahren, wenn die Zeit dafür gekommen ist, und wir werden Ihnen helfen. Versprechen Sie es nun?« Dr. Kübler-Ross versprach es mit großer innerer

Bewegung. Frau S. drehte sich um und ging ohne jedes weitere Wort zur Tür hinaus. Frau Dr. Kübler-Ross, die sie nun weggehen sehen wollte, stürzte sofort zur Tür und öffnete sie, sah aber niemanden auf dem Korridor . . .

Die Schrift auf dem Zettel wurde nachher mit den Handschriftproben verglichen, die von der Patientin S. aus der Zeit ihrer Behandlung im Krankenhaus noch vorhanden waren. Beide Schriften waren identisch.[62]

[51] Der ev. Theologe Ebermuth Rudolph berichtet über ein ähnlich merkwürdiges Erlebnis einer alten, aber noch rüstigen Dame, die vorübergehend Patientin in einer Klinik war. »Eines Nachts öffnete sich bei ihr die Tür . . . und eine ›bildhübsche‹ Ordensschwester trat ins Zimmer, um ihr eine neue Arznei zu verabreichen. Von jenem Augenblick an gesundete sie – zur Verwunderung der Ärzte und des Personals. Als sie sich aber nach dem Verbleib jener Schwester erkundigte, stellte sich heraus, daß es diese gar nicht gab, ja daß in besagter Nacht überhaupt niemand bei ihr im Zimmer gewesen war. Der Chefarzt des Krankenhauses interessierte sich persönlich für den Fall und konnte nichts anderes tun, als verwundert den Kopf schütteln.«[63]

Wenn es sich in diesem Fall um keinen Traum gehandelt hat, wie die Informantin behauptet, ist die Schlußfolgerung zulässig, daß die erschienene Klosterschwester eine Verstorbene gewesen ist, deren Aufgabe es war, der Patientin zu helfen. Es könnte auch die Bilokation einer Nonne gewesen sein, die in einer mystischen geistigen Verbindung mit der Kranken gestanden hat. Denken wir nur an das Erscheinen des Padre Pio beim Erzbischof in Uruguay! Auch er hat in seiner ausgesandten feinstofflichen Erscheinung wie ein normaler Mensch gewirkt, hat sich bewegt und gesprochen. (Vgl. Kap. 6!)

[52] In seinem Buch »Novemberlicht« erzählt Prof. D. Dr. Joseph Wittig, der kath. Pfarrer Julius Sdralek habe ihm folgendes Erlebnis geschildert: Seine Schwester, die ihm den Haushalt geführt hatte, war gestorben und im Hause aufgebahrt worden. Am frühen Morgen des nächsten Tages wurde der Pfarrer wach, ohne im ersten Augenblick noch in seiner Schlaftrunkenheit an den Tod seiner Schwester zu denken, als diese wie so oft in all den vergangenen Jahren plötzlich in sein Schlafzimmer kam und ihm mitteilte, sie habe ganz vergessen, ihm zu sagen, daß sie in den letzten Tagen eine Meßbestellung angenommen habe. Das Geld dafür und den Zettel mit der Bestellung habe sie »in den rechten Schub des Küchenschrankes« gelegt. Sie fügte noch hinzu: »Vergiß nicht, die hl. Messe zu lesen!« Erst, nachdem sich die Schwester wieder entfernt hatte – wie das vor sich gegangen war, wußte er nachher nicht mehr zu sagen –, wurde ihm bewußt, daß doch die Schwester gestorben sei und im Hause aufgebahrt liegt. Er stand sofort auf, sah im Küchenschrank nach und fand in der Tat den Zettel mit der Meßbestellung nebst dem Geld.[63a]

Alle in diesem Kapitel beschriebenen Fälle, denen man noch viele ähnliche hinzufügen könnte, fallen dadurch auf, daß sie keinen spukhaften Charakter haben, daß die darin auftretenden intervenierenden Erscheinungen von Verstorbenen sich völlig natürlich benehmen, wie Lebende aussehen, wie solche handeln und sprechen können und daß sie erst nachher oder zumindest erst im Laufe der Begegnung mit einem Menschen (wie im Fall Kübler-Ross) als Verstorbene, als Geistwesen identifiziert werden. Das Merkwürdigste, was allen diesen Erscheinungen gemeinsam ist: Sie erinnern so gar nicht an die schattenlosen Phantome, die im Spuk beschriebenen Erscheinungen, die durch Wände und durch Türen hindurchgehen und gewöhnlich auch nicht sprechen können. Die Erscheinungen dieses Kapitels aber deshalb ins Fabelreich von Phantasten zu verweisen und für unmöglich zu halten, wäre ein großer Irrtum. Gerade Fälle dieser Art mit ausgesprochen menschlich wirkenden Erscheinungen gehören in das große Gebiet der Manifestationen nach dem Tode, die wie nichts sonst geeignet sind, uns die Tatsache des Überlebens deutlich zu machen.

14. KAPITEL

Verstorbene erscheinen unter dem Zwang uneingelöster Versprechen

Uneingelöste Versprechen oder nicht erfüllte Verpflichtungen können Verstorbene aus Gewissensgründen veranlassen, wiederzukehren und derartige Unterlassungen aus der Zeit ihres irdischen Lebens verspätet nachzuholen.
Es folgen zwei Beispiele hierzu aus dem Buch »Geistererscheinungen und Vorzeichen« von Aniela Jaffé in verkürzter Wiedergabe:

[53] Der erste Bericht erzählt von drei Touristen, einem Schweizer und zwei jungen Engländern, die zusammen an einem schönen Septembertag eine Bergtour zum Aletschgletscher unternommen hatten und dann zusammen in der Konkordiahütte am Oberlauf des Gletschers übernachteten. In der Nacht setzte Schneetreiben ein und einer der

beiden Engländer entfernte sich – ohne ersichtlichen Grund und ohne seine Kameraden zu verständigen – in die stürmische Nacht hinaus und blieb nachher, trotz eifriger Suchaktionen, verschollen. Der nun allein gebliebene Freund des Verschollenen, David Fuller, fuhr dann in die Heimat zurück, erklärte aber seinem Schweizer Kameraden, er würde im Sommer wiederkommen, um seinen Freund zu suchen. Er hielt jedoch sein Versprechen nicht, ohne auch nur Gründe seines Nichtkommens mitzuteilen.

Im September darauf machte der Schweizer wieder eine Wanderung in Richtung Konkordiahütte. Dabei hatte er ein merkwürdiges Erlebnis, das hier in den Worten des Berichterstatters beschrieben sei: »Als ich so langsam vorwärtsschritt, gewahrte ich plötzlich ungefähr hundert Meter entfernt ... eine Gestalt auf dem Gletscher, die mir sonderbar bekannt vorkam. Ich hob meinen Feldstecher und bemerkte, daß sich die Gestalt langsam nach mir umdrehte und mit müder Bewegung zu winken begann. Ich erkannte sie sofort. Es war David Fuller. Wie kam er hierher? Und in diesem Straßenkleid, ohne jegliche Bergausrüstung? Gedanken stürmten auf mich ein. Ich begann zu rufen. Keine Antwort. Die Gestalt wies aber nach einer bestimmten Stelle im Gletscher. Ich senkte das Glas wieder, und David Fuller war weg, wie vom Gletscher verschluckt. Ich begab mich an jene Stelle, wobei ich mir sagen mußte, daß etwas nicht mit rechten Dingen zuging, obwohl ich für Geisterspuk keinen Sinn hatte.«

Der Schweizer ging nun näher an die bezeichnete Stelle heran und sah eine tiefe Gletscherspalte. Am nächsten Tag veranlaßte er dort eine Suchaktion, und nun wurde in einer Tiefe von 35 Metern der im Vorjahr verschwundene Engländer gefunden. Die Leiche wurde hierauf in die Heimat abtransportiert und der Schweizer erkundigte sich nach David Fuller, den er doch mit Bestimmtheit glaubte erkannt zu haben. Da bekam er von den Angehörigen die Nachricht, »daß er drei Tage vor der Auffindung der Leiche seines Freundes nach langer, schwerer Krankheit an einer Blutvergiftung gestorben sei«.[64]

Auf diese merkwürdige Weise hat also David Fuller unmittelbar nach seinem Tod sein Versprechen eingelöst, zurückzukommen und seinen Freund zu suchen. Er ist nicht nur zurückgekommen, sondern hat auch den Freund gefunden und hat den zufällig (?) auftauchenden Schweizer Kameraden vom Vorjahr auf die Fundstelle aufmerksam gemacht, denn anders hätte er »drüben« keine Ruhe gehabt.

Der andere Fall handelt von einem katholischen Dorfpfarrer in der Schweiz:

[54] »Es war im Jahre 1950, als der katholische Dorfpfarrer wegen vorgerückten Alters in den Ruhestand versetzt wurde. Sein Nachfolger war ein junger Welschschweizer, der jedoch die deutsche Sprache ausgezeichnet beherrschte. Am 18. Januar 1951 begegnete ich ihm auf der Straße, wir gerieten miteinander ins Gespräch. Plötzlich stellte er mir die Frage: »Glauben Sie an Geister?« Ich schaute ihn verblüfft an, dann verneinte ich und erklärte, daß ich noch nie ein Gespenst oder einen Geist gesehen hätte, folglich auch nicht daran glaube. – Hierauf entgegnete er mir: »Kommen Sie heute abend nach der Andacht ins Pfarrhaus, ich will Ihnen etwas erzählen.«
Als ich beim Pfarrhaus anklopfte, war es schon dunkel in den Gassen. Die Magd empfing mich und wies mir einen Platz im Empfangszimmer an. Bald darauf trat der Pfarrer ein, setzte sich mir gegenüber und erzählte mir folgendes:

»Wie ich gestern abend mein Brevier durchgebetet hatte, löschte ich das Licht und verriegelte die Tür des Studierzimmers. Die Treppe hinuntersteigend, hörte ich das Schrillen des Telefons; man rief mich zu einem Sterbenden. – Zurückgekommen, sah ich, daß das Licht im Studierzimmer brannte, und bemerkte einen Schatten, der sich bewegte. Ich war überzeugt, die Türe geschlossen und das Licht gelöscht zu haben. Die Treppe hinaufsteigend, packte mich die Angst vor Einbrechern. So behutsam wie möglich drückte ich auf die Türklinke; zu meinem Schrekken gab sie nach. Langsam öffnete ich die Tür, und mein Blick fiel gerade auf meinen Arbeitstisch.
Vor dem Pult stand ein Geistlicher und suchte etwas in einem Buch. Sie können sich denken, wie erstaunt ich war, einen meiner Berufskollegen hier zu treffen. Er drehte sich um, sah mich an, winkte mir und sagte, das Jahreszeitbuch vor mich hinhaltend: ›Sehen Sie das: im Jahre 1891 ist eine heilige Messe für einen Verstorbenen nicht gelesen worden. Bitte holen Sie das nach!‹ – Ich schaute ihn an, dann nahm ich das Buch in meine Hände. Richtig, da entdeckte ich, daß die Jahrzeit für A. O. nicht gelesen worden war. Als ich den Besucher fragen wollte, woher er komme und wieso er das wisse, sah ich, daß niemand mehr im Zimmer war außer mir.«[65]

Einer eingegangenen Verpflichtung, einem gegebenen Wort kann – besonders in Fällen, denen der Charakter einer pietätvollen Verpflichtung anhaftet – eine starke zwingende Kraft innewohnen. Mit Recht sagt Aniela Jaffé hierzu: »Versprechen und Erfüllung bilden sozusagen eine dynamisch psychische Einheit, deren energetisches Gefälle erst durch die Erfüllung des Versprochenen ausgeglichen wird und zur Ruhe kommt.«[66] Auffallend ist im zweiten Fall der Zeitabstand zwischen der

eingetragenen Bestellung einer Jahresmesse im Jahre 1891 und der im Januar 1951, also 60 Jahre später, auftretenden Erscheinung des wohl längst verstorbenen Pfarrers, der möglicherweise selbst seinerzeit als junger Priester die Messe für A. O. zu zelebrieren vergessen hat. Wie lange hatte er sich im Jenseits wohl wegen dieser Unterlassungssünde gequält, bis er endlich erscheinen durfte oder dazu fähig war, sich in materialisierter Gestalt einem seiner Nachfolger zu offenbaren?
Beide Geistwesen sind äußerlich von Lebenden nicht zu unterscheiden gewesen. Der Engländer, der drei Tage vorher gestorben war, zeigte sich in einem Straßenanzug; vermutlich war es der, in dem er bestattet wurde. Der Pfarrer erschien in seinem priesterlichen Ornat. Wir wissen ja, daß Verstorbene stets in den Kleidern erscheinen, die sie zuletzt getragen haben oder die für sie bei Lebzeiten typisch waren.

15. KAPITEL

Verstorbene werden durch ungelöste Rechtsangelegenheiten oder ungesühnte Verbrechen zum Erscheinen veranlaßt

Daß der Geist Verstorbener lange nach dem Tod in das Diesseits herüberwirken kann, erweist sich an einem oft zitierten Beispiel, das seinerzeit im Journal der Londoner Gesellschaft für psychische Forschungen (SPR) beschrieben und später mehrmals auch in deutschen Publikationen gewürdigt wurde. Es handelt sich hierbei um das wirkungsvolle Eingreifen eines Verstorbenen in eine Testamentsangelegenheit.

[55] Die Vorgeschichte des Falles: Der Farmer James L. Chaffin in Davis County, USA, schrieb am 16. 2. 1905 ein

Testament, in dem er seine Farm seinem dritten Sohn Marshal als alleinigem Erben vermachte. Hierbei wurden seine Frau und seine drei anderen Söhne vom Erbe ausgeschlossen. – Jahre später überlegte er sich's aber anders; er setzte am 16. 1. 1919 ein zweites Testament auf, in dem er bestimmte, daß er seinen Besitz gleichmäßig unter seine vier Kinder aufgeteilt haben wollte. Zwei Jahre später, 1921, starb Chaffin unerwartet an den Folgen eines Sturzes. Da man nur das erste Testament fand und vom zweiten auch nichts wußte, fiel die ganze Habe dem dritten Sohn Marshal zu.

Es vergingen vier Jahre, da träumte der zweite Sohn, James, er sehe seinen Vater am Bett stehen und höre ihn sagen: »Du wirst mein Testament in der Tasche meines Mantels finden«, worauf die Erscheinung verschwand.

Nun suchte man nach dem alten Mantel, fand ihn auch und in einer Tasche eingenäht eine Papierrolle, auf der mit der Handschrift des Vaters geschrieben stand: »Leset das 27. Kapitel der Genesis in der alten Bibel meines Vaters!«

In Gegenwart von Zeugen schlug man nun in der Bibel nach und fand in einer Art Tasche, die durch das Falten von zwei Seiten an der bezeichneten Stelle entstanden war, das Testament. Es wurde dann vom Gericht für rechtskräftig erklärt, das andere Testament annulliert.

Es liegt nahe, daß sich bei Erklärung dieses Falles zwei Auffassungen einander gegenüberstehen. Die Spiritualisten halten natürlich an der Möglichkeit einer echten Kommunikation mit dem Jenseits fest und sehen daher auch gar keine Schwierigkeit, das Erscheinen des Vaters im Traum für möglich zu halten. Nach Auffassung der Animisten aber handelt es sich bei dem Traum um eine unterbewußte Leistung der Psyche des Sohnes James, die in dramatischer Form den Vater erscheinen läßt, um etwas mitzuteilen, was unbewußt sowieso dem Träumer oder auch seinen Brüdern längst bekannt, aber nur nicht beachtet oder einfach vergessen worden war. – Auf Grund von Erfahrungen halten wir das Auftreten des Vaters im Traum nicht für ausgeschlossen.

Ein zweiter Fall, in dem ein Verstorbener durch Intervention in Träumen zur Auffindung seines Testaments beitrug, ist folgender:

[56] In S. starb ein Hausbesitzer, ohne ein Testament zu hinterlassen. Dies war für seine Schwester Fanika, die mit ihm jahrelang allein gelebt und ihm den Haushalt geführt hatte, eine große Enttäuschung, zumal sie wußte, daß ihr der Bruder sein ganzes Vermögen testamentarisch hinterlassen wollte. All ihre Vorstellungen vor Gericht, daß sie sich als Erbin betrachte, halfen nichts. Ohne Letzten Willen des Verstorbenen mußte sein Nachlaß allen Erbberechtigten zu gleichen Teilen zugesprochen werden.

Einige Tage vor der gerichtlichen Aufteilung des Vermögens hatte die Schwester einen Traum, in dem ihr der Verstorbene erschien und sagte, sie möge sich beruhigen, das Testament werde sich schon finden. In den Nächten darauf wiederholte sich der Traum. Davon machte sie dem öffentlichen Notar Dr. jur. Horvat Mitteilung, ohne jedoch bei ihm auf Verständnis zu stoßen. Doch kurz darauf kam Fanika wieder zu ihm und beteuerte, ihr sei der Bruder neuerlich erschienen und habe gesagt, sie werde das Testament in einem alten Rock, in einer genau bezeichneten Tasche finden. Die Frau fügte hinzu, sie habe den Rock gleich nach dem Tod des Bruders einem anderen Bruder schenken wollen, der habe ihn aber entrüstet zurückgewiesen, worauf sie ihn in einem Schrank auf dem Dachboden des Hauses aufbewahrt habe.

Nun veranlaßte der Notar eine amtliche Untersuchung, und hierbei wurde tatsächlich das ordnungsgemäß ausgestellte und von zwei – inzwischen verstorbenen – Zeugen unterschriebene Testament gefunden. Darin hinterließ der Bruder seiner Schwester das Gesamtvermögen außer zwei Legaten, das eine zu Gunsten der Pfarrkirche und das andere zum Ankauf eines Grabsteines.

Auch in diesem Fall muß die Realität der Erscheinung des Verstorbenen und sein dadurch herbeigeführtes Eingreifen in den Rechtsfall nicht angezweifelt werden. Der Einwand, die Schwester könnte möglicherweise doch irgendwie von der Art der Aufbewahrung des Testaments einmal gehört haben und dann erst durch ihre wiederholten Träume daran erinnert worden sein, ist natürlich als Hypothese zulässig, aber nicht überzeugend.
Carl Welkisch, der in hohem Grade übersinnlich begabt ist, erlebte einmal bei klarem Wachbewußtsein das Erscheinen eines Verstorbenen. Sein Bericht darüber in dem großen Werk »Im Geistfeuer Gottes« schließt sich einer Schilderung seiner Begegnung mit dem verstorbenen Vater an.

[57] »Es dauerte nicht lange, da sollte ich einen Verstorbenen unter sehr viel unangenehmeren Umständen wahrnehmen. Ich wohnte damals in einem abgelegenen Zimmer eines einsamen Landhauses. Eines Abends, ich war allein in meinem Zimmer, fühlte ich das Nahen eines unsichtbaren Wesens. Ich war sensibel genug, um es als einen verstorbenen Menschen zu erkennen. Aber bald ging meine Wahrnehmung über das seelische Feingefühl hinaus. Der kühle Hauch des aufgeregt mich umschwebenden Wesens wurde geradezu körperlich wahrnehmbar, die Atmosphäre des Zimmers unerträglich. Abgesehen von Geräuschen, wie

sie bei derartigen Geisterwahrnehmungen häufig berichtet werden, konnte sich auch das Auge der Wirkung des Einflusses nicht verschließen. Denn ich sah, wie in dem völlig abgeschlossenen, von einer Kerze beleuchteten Raum unter dem Wehen der erregten Atmosphäre die Fenstergardine sich deutlich hin und her bewegte. Mit Mühe hielt ich es in der Gemeinschaft des unheimlichen Gastes aus. Dabei fühlte ich nicht einmal den Charakter eines moralisch tief stehenden Wesens, nicht etwa einen höllischen Einfluß; und doch war das, was von dem Verstorbenen ausging, grauenhaft, wie immer der von einem eben Abgeschiedenen, wenn er nicht gerade ein geistig sehr hoch entwickelter Mensch gewesen war, ausgehende Einfluß unheimlich zu fühlen ist. Aber ich hielt aus, weil mein Interesse an dem Verstorbenen und an dem, was er von mir wollte, geweckt worden war. Schließlich hauchte das Wesen stammelnd, als hätte es in der neuen, noch unbekannten Welt das Sprechen nicht ganz erlernt, seinen Namen. Ich erzählte am folgenden Tage den Vorfall meinen Angehörigen, und wir schlossen aus dem Namen auf die Person eines Rechtsanwalts, der an der Regelung gewisser Angelegenheiten unserer Familie auch innerlich beteiligt gewesen war, konnten aber an seinen Tod wiederum nicht recht glauben, da wir erst noch vor kurzem von seiner Tätigkeit gehört hatten. Wir fragten aber nach und hörten dann, daß er gerade verstorben sei. Wir wußten auch alsbald nur zu gut, was ihn in der bewußten Angelegenheit so sehr beunruhigt hatte, daß es ihn nach dem Tode zu dem mühsamen Versuch einer Kundgabe drängte.«[67]

Im Hinblick auf die hohe Sehergabe des Mystikers Welkisch und die Wahrhaftigkeit seines lauteren Wesens, ist an der Echtheit seiner Schilderung übersinnlicher Erlebnisse und Erfahrungen nicht zu zweifeln. Er hat die Verbindung mit dem Jenseits und mit Abgeschiedenen nicht gesucht, aber er verschloß sich ihnen auch nicht, wenn sie sich ihm von selber anboten, wenn Verstorbene sich von drüben meldeten oder wenn er sie hellsinnig im Geiste hinüberbegleiten konnte.

Einen Traum, der zur Aufdeckung eines Verbrechens führte, berichtete die Frankfurter Allgemeine am 19. 3. 1952:

[58] »Im Januar 1950 wurde in der Nähe von Lecce (Süditalien) in der eigenen Wohnung, eingeschlossen in einer Truhe, der blutige Körper einer Frau gefunden, die durch Beilhiebe verletzt worden war, und, ohne etwas sagen zu können, im Krankenhaus starb. Im vergangenen Monat, zwei Jahre nach der Untat, hatte ihr Mann einen Traum: Seine Frau stand vor ihm, gab ihm den Namen des Täters bekannt und auch die Art und Weise, wie sie überfallen worden war. Der Ehegatte der Toten lief sofort zu den Carabinieri, die nicht daran dachten, seinen Bericht zurückzuweisen. Sie beobachteten den Verdächtigen sorgfältig. Als sie einige nähere Umstände des Verbrechens erfahren hatten, nahmen sie den Mann, einen 23jährigen Bauern, in Haft. Er gestand nach anfänglichem Leugnen die Tat ein.«[68]

Wie immer würde dem animistischen Zweifler hier die telepathische These zur Erklärung des Traumes zu Hilfe kommen. Darnach wäre die Frau natürlich gar nicht erschienen, sondern der Täter selbst hätte seine Gedanken an den Überfall – ob im Schlaf oder Wachen – auf den ahnungslosen Ehegatten übertragen und dessen Psyche hätte daraus die dramatisierte Erscheinung der Verstorbenen im Traum gemacht. Einfacher und logischer erscheint uns demgegenüber die spiritualistische Erklä-

rung, die an der Möglichkeit festhält, daß Abgeschiedene sich auch in Träumen manifestieren und artikulieren können.
Es ist auch nicht einzusehen, warum ein Geistwesen, das sich, wie wir aus Erfahrung wissen (vgl. die vorhergehenden Kapitel!) unter den mannigfaltigsten Voraussetzungen, oft sogar in verstofflichter Gestalt, manifestieren kann, nicht auch imstande sein soll, in Kommunikation mit der Psyche eines schlafenden Menschen in Erscheinung zu treten und sich auch sprachlich mitzuteilen.

16. KAPITEL

Die Geisterehe

Nach all den Beispielen von Kundgaben und Erscheinungen Abgeschiedener, die in den vorhergehenden Kapiteln aufgeführt und kommentiert wurden und die beweisen sollten, daß des Menschen Geistseele über den Tod hinaus weiter existiert und unter bestimmten Voraussetzungen in das diesseitige Leben hereinwirken und mit Menschen Kontakte aufnehmen kann, soll nun an Hand eines außergewöhnlichen Beispiels gezeigt werden, daß es in seltenen Fällen sogar zu einem langdauernden persönlichen Verkehr und Gedankenaustausch zwischen einem Lebenden und einem verstorbenen Partner kommen kann. Hierzu bedarf es freilich einer hohen sittlichen Integrität und Reife derer, die zu einem solchen Kontakt berufen sind. Gewöhnlich handelt es sich um Ehepartner, die miteinander in selbstloser Liebe verbunden sind und schon zu Lebzeiten ihr Tun und Handeln ganz in den Dienst für andere gestellt haben.
Ein solches Menschenpaar waren der ev. Pfarrer J. F. Oberlin

(1740–1826) und seine Frau Salome, beides charismatische Menschen, die nicht nur einander in Liebe zugetan waren, sondern auch zu den Menschen ihres großen Pfarrsprengels ein außergewöhnliches Vertrauensverhältnis hatten. – Oberlin war ein Mensch von hohem Verantwortungsbewußtsein und starkem sozialen Gerechtigkeitssinn. Er war den Mitgliedern seiner Gemeinde Freund und Berater und für sie tätig von früh bis spät. Er erzog sie zu tüchtigen, praktischen Menschen, sanierte ihre Landwirtschaft und die anfangs zerrütteten Finanzen des ganzen Steintals und seines kirchlichen Sprengels.

Als Seelsorger verfocht er die Vorstellung von der Unteilbarkeit von Diesseits und Jenseits. Zu seinen klaren Jenseitsvorstellungen kam er, weil er als Visionär von hoher mystischer Begabung gleichsam über die Schwelle »hinüber«-sah, in manchem vergleichbar seinem älteren Zeitgenossen Emanuel Swedenborg. Mit voller Überzeugung und mit Bestimmtheit stand er zu seinem auf übersinnlichen Erfahrungen beruhenden Jenseitsglauben und predigte auch darüber, weil seine Kirche selbst keine bestimmten Vorstellungen vom Jenseits entwickelt hatte. – Auf Grund seiner Gesichte entwickelte er ein ganzes Lehrgebäude der geradlinig verlaufenden geistigen Entwicklung des Menschen vom Dasein auf Erden bis in die raum- und zeitlose Welt des Geisterreiches. Das »Leben im Fleische« – wie er sich ausdrückte – war für ihn eine Art Vorschule und Prüfzeit für jene andere Form des Lebens »drüben« und letztlich für jene Seligkeit, »die im Einssein und Einsseinwollen mit Gott besteht«.

Hierbei entwickelte er Gedanken, die eher katholisch als evangelisch waren, besonders, wenn er von Sühneleiden ähnlich der katholischen Lehre vom Fegfeuer spricht; er nannte sich später selbst oft evang.-katholischer Pfarrer. Seine Frau, die beste, die er sich wünschen konnte, ging völlig in seinen visionär beeinflußten Vorstellungen auf. Aber diese seine beste Kameradin verlor er nach 16jähriger ungetrübter Ehe auf tragische Weise nach einer Entbindung. Sie selbst war wie er in hohem Grade übersinnlich begabt und ist ihm nach ihrem Hinscheiden neun Jahre hindurch immer wieder erschienen: bald in lebhaften Träumen, bald in Visionen, bald in eigener vollmaterialisierter Gestalt, und zwar immer dann, wenn ihren Mann Sorgen und Probleme plagten oder wenn er in schmerzvoller Sehnsucht nach ihr und einer Aussprache mit ihr verlangte.

Am Tage ihres Sterbens hatte sie zu ihm gesagt: »Der Herr hat sein Wort an mir erfüllt, als er sagte: Ich will dir mein Heil zeigen. Er hat mir sein Heil gezeigt; durch dich habe ich es kennengelernt. Du bist es, dem ich die Kenntnisse verdanke, die ich vom Himmel und all dem besitze, was uns nach dem Tode erwartet. Ich machte mir dunkle und falsche Vorstellungen vom Himmel; nun aber weiß ich, daß keine Seele in das Himmelreich kommt, die nicht wiedergeboren ist, und daß viele Stufen im Himmel sind.«[69]

Und nun konnte sie sich von drüben melden und ihrem Mann bestätigen, daß sie einen Weg der inneren Reife gehe, und konnte ihn daran teilnehmen lassen.

Aber sie erschien nicht nur ihm und konnte mit ihm sprechen, sondern zeigte sich auch seinen Hausgenossen und vielen gemeinsamen Freunden, um sie vor Gefahren zu warnen, ihnen zukünftige Geschehnisse anzuzeigen oder über Dinge und Erfahrungen in ihrer geistigen Welt Aufschlüsse zu geben.

Neun Jahre nach ihrem Tod ließ Salome durch ihren ältesten Sohn, der ihr im Tod gefolgt war, einem hellsichtigen, übersinnlich begabten Bauern der Gemeinde mitteilen, daß sie »nun zu einer höheren Wohnung der Seligen aufgestiegen sei«. Von diesem Tag an blieb der Kontakt zwischen den beiden Ehegatten abgerissen. Doch in seinem Buch »Geisterehe« hat Pfr. Oberlin seiner Frau ein bleibendes Denkmal gesetzt, das auch für uns nicht ohne Interesse ist, ist es doch eines der besten Beweisstücke für das Weiterleben der Geistseele des Menschen.

Alfons Rosenberg schließt hier in seinem Werk über Oberlin folgende Betrachtung an: »Ihm war es gelungen, unter Schmerzen und Schauern der Liebe, die Ehe mit seiner Frau auch noch über den Tod hinaus fortzusetzen, und sie selbst war es dann wohl, der es gelang, indem sie von Stufe zu Stufe auf ihrem Jenseits- und Läuterungswege emporstieg, seinen Geist für die Hierarchien und die Kräfte des Jenseits aufzuschließen und ihn anzuleiten, auch seinerseits sich auf den Weg des Aufstiegs zu machen. Was aber Oberlin auf diese Weise erfahren, strömte durch das Medium seiner Predigt weiter hin zu seiner Gemeinde und durch den Ruhm, den er sich bei der Mitwelt erwarb, hinaus in die Weite Europas. Denn dieser Seelsorger war überzeugt von der glaubenfördernden Kraft dieser Nachrichten und Visionen.«[70]

17. KAPITEL

Verstorbene im Läuterungsprozeß

Aus der Summe von Einblicken, die wir aus Berichten verschiedenster Art über Anmeldungen von Verstorbenen erhalten haben, konnten wir den Schluß ziehen, daß an einer über den Tod hinausreichenden Existenz des Menschen nicht zu zweifeln ist, auch an der Gewißheit nicht, daß das Leben jenseits der Schwelle ohne Unterbrechung – in welcher Form auch immer – weitergeht.

Wir sind in unserer Arbeit stets von wissenschaftlichen Überlegungen ausgegangen und wollen uns auch in dem nun folgenden Abschnitt, der mehr als andere religiöses Gedankengut berührt, in erster Linie auf Erfahrungen und Erkenntnisse der Forschung stützen. Wo es aber sinnvoll ist, wissenschaftliche

Erwägungen durch Hinweise auf religiöse Vorstellungen zu ergänzen, soll dies natürlich nicht unterlassen werden.
Die Frage des Fortlebens ist unmittelbar mit der Frage nach dem Wie einer weiteren Existenz verbunden. Darum haben wir sie schon im Zusammenhang mit der Darstellung von Jenseitserlebnissen der Klinisch-Toten angeschnitten. Sinngemäß war dort von einer unterschiedlichen Entwicklung der im Geist Weiterlebenden die Rede. Wir können dies so interpretieren, daß sich die Entwicklung »drüben« in einer Stufenfolge zwischen einer tiefsten Tiefe in geistiger Ohnmacht und Finsternis und einer höchsten Höhe in geistiger Klarheit und Verklärung – über unendliche Zeiträume – vollziehen wird. Selbst der Hinübergang in die jenseitige Welt wird sich für jeden Menschen individuell gestalten auf Grund der Einmaligkeit jeder einzelnen Persönlichkeit und der Unwiederholbarkeit der Schicksale. Über allen aber wird die ausgleichende Gerechtigkeit göttlicher Gesetze walten.
Viele werden ihren Lohn finden, viele werden sich ihn erst drüben erwerben müssen. – Wer kann schon sagen, in wievielen Graden sich Lohn und Sühne darstellen werden! Es ist nicht unsere Aufgabe, darüber zu philosophieren oder zu befinden. – Eines ist jedenfalls sicher, daß alle, die gestorben sind, in eine geistige Welt jenseits der Materie kommen, in eine Gedankenwelt, in der sich der einzelne selbst ein Leben baut, nach dem Gesetz, daß mitgebrachte Vorstellungen, Strebungen und Wünsche, seien es positive oder negative, auch in jenem Leben weiterwirken sollen. Wenn dem so ist, dann verstehen wir, daß Menschen, die mit schwerer Schuld, wenig oder gar nicht vorbereitet oder verstrickt in Leidenschaften und Süchte, sterben, sich im Jenseits zuerst eine irreale Welt in Gedanken und Vorstellungen aufbauen, in der sie sich naturgemäß nicht glücklich fühlen und leiden müssen, weil sie in einer solchen Scheinwelt ihre irdischen Triebgelüste nicht mehr befriedigen oder unge-

stilltes Verlangen nicht erfüllen können. Darum finden sich viele zunächst drüben gar nicht zurecht, von den moralisch und seelisch Schwerbelasteten ganz zu schweigen.
Viele Verstorbene werden erst die unteren Stufen eines uns erdnah erscheinenden Bereichs der geistigen Welt, Stufen der Vorbereitung und inneren Läuterung, durchlaufen müssen, an Orten und in Zuständen, die man dem Zwischenreich, dem Purgatorium oder Fegfeuer, wie die Katholiken sagen, zuordnet – kein Ort, in dem wirkliches Feuer brennt, aber in dem in übertragenem Sinn in den Seelen, den »Armen Seelen«, wie es heißt, das Feuer der Erkenntnis eigenen Versagens, aber auch das Feuer der Sehnsucht nach Gott und seiner Gnade brennt. Auch Gefühle und Empfindungen können brennen wie Feuer, selbst Liebe kann »brennen wie Feuer so heiß«. Letztlich wird der Aufenthalt in diesem Bereich schon als Gnade gesehen, denn wer hier weilt, um »heimzureifen«, ist schon »gerettet«. Denn: »Hier wächst er zu jener reifen Liebe heran, für die er sich endgültig entschieden hat, die er aber im Tode noch nicht erreichte.«[71]
Wir fühlen schon aus diesen Worten, daß es sich um Seelen handelt, die nicht verworfen sind, sondern eine Entwicklung zur Vollendung vor sich haben.
Wie nicht anders zu erwarten, verläuft der Prozeß der Läuterung für alle, die daran teilnehmen, ganz verschieden, je nach der Schwere oder Geringfügigkeit aller noch abzutragenden Schuld. Er kann sehr kurz sein oder sehr lang; letztlich ist es immer ein geistiger Prozeß. Die unvorstellbare Vielfalt menschlicher Charaktere und Lebensläufe bedingt eine Vielfalt der Möglichkeiten ihres geistigen Auf- oder Abstiegs im Selbstvollzuge weiser Gesetze, die der Schöpfer von Anbeginn dem Leben des Menschen zugrundelegte – wobei jedoch der Selbstentscheidung, dem freien Willen des einzelnen, auch im Jenseits ein weiter Spielraum bleibt. Und darum dürfen wir überzeugt

sein, daß alle, die an den unteren Bereichen der geistigen Welt zunächst nicht vorbei dürfen, sich empor entwickeln können, wenn sie dies möglichst schon im irdischen Leben angestrebt haben und im Jenseits im Geiste selbstloser Liebe weiter anstreben.

Im folgenden wollen wir uns nun mit Geistwesen im Zustand der Läuterung befassen. Sie zu erleben, sehen und hören zu können, setzt immer eine gewisse sensitive mediale Veranlagung voraus. In Fällen eines länger dauernden intensiven Kontakts zum Zweck einer geistigen Hilfeleistung für die sich meldenden Geistwesen ist eine ausgesprochen charismatische Berufung und eine religiöse Grundhaltung solcher Medien unerläßlich. Wir wissen, daß Menschen dieser Art – zumeist sind es Frauen – im Stande der Gnade sind, die sie befähigt, sich der Jenseitigen, die sich an sie um Hilfe wenden, anzunehmen, sie geistig zu beraten und für sie Opfer zu bringen.

Ein solches Medium war *Friederike Hauffe*, die vor ungefähr 150 Jahren durch ihre paranormalen, visionären und mystischen Fähigkeiten von sich reden machte. Ihrer nahm sich in Weinsberg/Württemberg der dortige Arzt, Dichter und Geistesforscher Justinus Kerner an, als sie wegen eines seelisch bedingten Leidens von ihm behandelt wurde. Ihm verdanken wir das Werk »Die Seherin von Prevorst«, eine Fundgrube von Beobachtungen ihrer merkwürdigen Phänomene und von Berichten über »das Hereinragen einer Geisterwelt in unsere«.[72]

Friederike Hauffe, eine äußerst zarte Persönlichkeit, hatte viele Begegnungen mit Verstorbenen. Berichte darüber finden sich an verschiedenen Stellen des Buches, wie etwa folgende: »Ich sehe oft viele (Geister), mit denen ich keine Berührung bekomme, dann wieder viele, die sich zu mir wenden, mit denen ich rede und die oft monatelang . . . in meinem Umgang bleiben.« – »Ich sehe sie zu den verschiedensten Zeiten, bei Tag und Nacht, ob Menschen da sind oder nicht, . . . selbst wenn ich den besten Schlaf habe, und sie wecken mich . . .« – »Ihr Aussehen ist mir gleich einer dünnen Wolke, die man zu durchschauen glaubt . . . Ich sehe nie, daß sie einen Schatten werfen . . . durch Gegenstände, die vor sie treten, können sie mir verdeckt werden . . .« – »Stehen sie sehr nahe an mir, so kann ich sie nicht ertragen, sie schwächen mich. Die besseren Geister erscheinen mir in heller, die böseren in dunkler Gestalt.« – »Der Ton ihrer Stimme ist immer gleich wie ein Hauchen.«

Die meisten Verstorbenen, die sich ihr näherten, stammten nach eigener Aussage aus den unteren Regionen des Geisterreiches. Dazu sagt sie: »Die Geister der unteren Stufe sind in einer immerwährenden Dämmerung, die aus ihnen selbst hervorgeht.« Nur durch innere Besserung nehme ihr Licht zu. Dies ist eine oft beobachtete Tatsache, die uns auch von anderen Medien beschrieben wird.

Justinus Kerner berichtet in dem erwähnten Buch u. a. über verschiedene längerdauernde Begegnungen Friederikes mit Verstorbenen. Einer von diesen, der sie immer wieder aufsuchte, gestand ihr, »daß auf ihm die Schuld eines Mordes und vieles Wüste liege, und daß er schon lange irre und sich bis jetzt noch nicht habe zum Gebet wenden können«. »In den vielen Stunden, in denen er ihr (Friederike) erschien, gab sie ihm einen vollständigen Religionsunterricht, wie der Geistliche dem Kinde, und je länger er kam, desto heller und freundlicher wurde seine Gestalt.«

Ein anderer Geist eröffnete ihr, daß er bereits im Jahre 1529 gestorben sei. Diesen fragte sie einmal: »Kannst du keine andere Gestalt annehmen als diese, die du als Mensch hattest?« Worauf er antwortete: »Hätte ich wie ein Tier gelebt, so würde ich dir wie ein Tier erscheinen. Wir können nicht Gestalten nach Belieben annehmen: Wie unsere Gesinnungen sind, so siehst du uns.« Diese Antwort ist bezeichnend, denn es ist bekannt, daß Geister sich bisweilen in Tiergestalt zeigen müssen.

Nach Kerners Zeugnis sah Friederike einmal ein großes Tier, »fast so groß wie ein Hund, mit langer Schnauze und großen rollenden Augen«. Eine Stunde nachher, als sie allein im Zimmer war, kam wieder ein Tier zu ihr, »fast in Gestalt eines Bären, mit furchtbaren Augen, und sah sie starr an«. – An einem anderen Morgen kam ein Untier »wie ein ungeheurer Skorpion« gegen sie zu.
Hierzu sei bemerkt, daß schon Platon im 31. Kapitel seines »Phaidon« erwähnt, daß die Seelen der Schlechten »aller Wahrscheinlichkeit nach in Tierformen eingeschlossen werden, die dem entsprechen, wie sie sich selbst im Leben betätigt haben«.

Welche Lasten ein Mensch zu tragen hat, der dazu auserlesen ist – und wohlgemerkt, sich nicht dazu drängt! –, sich dem Gnadenwerk an den Seelen Jenseitiger zu widmen, geht deutlicher noch aus den genauen Tagebuchaufzeichnungen der bayerischen Prinzessin *von der Leyen* hervor, die in der Zeit vom 9. 8. 1921 bis zum 9. 1. 1929 von Geistwesen heimgesucht wurde. Ihre fast täglichen Notizen liegen in einem von dem parapsychologischen Schriftsteller Bruno Grabinski herausgegebenen Buch mit dem Titel »Zwischen Himmel und Hölle« vor.[73] Dem Buch ist eine wissenschaftliche »Auswertung« angeschlossen.
Auch der Prinzessin – sie war zur Zeit der ersten Erscheinungen schon eine ziemlich betagte Dame – erscheinen zuerst nur vereinzelte Verstorbene; rasch aber werden es immer mehr, schließlich sind es oft ganze Scharen. Man hat den Eindruck, daß die Zahl der bei ihr Hilfe suchenden Geister mit ihrem Ruf im Reich der Toten rapide zunimmt. Neben ausgesprochen wilden, chaotisch, unmenschlich wirkenden Gestalten, die geradezu rücksichtslos fordernd auftreten, erscheinen andere, die gütig, freundlich und lichtvoll wirken, also sicherlich bereits im Zustand einer fortgeschrittenen Läuterung sind.

[59] Ihr erstes Erlebnis war die Begegnung mit einer Klosterfrau, die ihr wiederholt im Schloß und Park erschien, immer mit kummervollem Ausdruck und flehentlichen, stummen Blicken, bis sie einmal, befragt, wer sie sei, Worte fand und sagte, sie habe der Prinzessin einmal 20 Mark für eine Mission nicht geschickt. – Nachdem die Angelegenheit durch die Prinzessin geregelt und für die Schwester hl. Messen gelesen worden waren, kam es zu einer eindrucksvollen Erscheinung. Es war am 3. November 1921; die Prinzessin notierte nachher: »Als ich da um 11 Uhr schlafen ging, sah ich mein inneres Zimmer erleuchtet. Ich dachte, man habe das elektrische Licht brennen lassen, und ging hinein. Da war die Klosterfrau genau am selben Platz wie bei der letzten Erscheinung, aber wie ganz anders! Es ging wie ein strahlendes Licht von ihr aus, ihr schwarzer Habit war wie mit Glanz unterlegt. Aber das Strahlendste war in ihrem Gesichtsausdruck. ... Sie sah mich lächelnd und glücklich an. Die Hände, die ich zum erstenmal an ihr sah, waren über die Brust gekreuzt. Ihr Gesicht war eigentlich nur mit einem Opal zu vergleichen. ... Ich empfand einen so freudigen Schrecken, daß ich wie starr war und mir nichts anderes zu fragen einfiel: ›Wie heißt du?‹ Darauf machte sie feierlich das Kreuzeszeichen, es wurde finster und sie war fort. Also hatte das elektrische Licht nicht gebrannt ...«

Dieses Erlebnis der Prinzessin lehrt uns, daß offenbar auch kleine Verfehlungen oder Unterlassungen im geistigen Reich erst abgetragen werden müssen. Doch können wir in diesem Fall annehmen, daß die Nonne schon aus höheren Regionen des »Reinigungsortes« gekommen ist. – Immer wieder beschreibt die Prinzessin, wie die Gestalten, je mehr sie sich für sie in Gebeten einsetzte, einen deutlichen Prozeß der inneren

Klärung und einer sichtbaren Aufhellung ihrer Erscheinung durchmachen. – Selbst Begegnungen mit Wesen, denen kaum noch Menschliches anhaftet, können zu Läuterung und Erlösung führen, wenn die Geduld der am Sühnewerk tätigen Mittelsperson nicht erlahmt, wenn sie Angst und Ekel überwindet. – Die »Armen Seelen« bitten sie immer wieder, für sie Opfer zu bringen. Die Hand, die sie ihr manchmal reichen, kann sie nicht nehmen, weiß sie doch, daß sie von solchen Berührungen schmerzhafte Brandflecken und rote brennende Male bekommt, die oft lange nicht verschwinden.

Greulich sind ihre Begegnungen mit Wesen, die oft infolge wüster Entstellungen durch Beulen und Geschwüre, gar nichts Menschliches mehr verraten. So waren die langdauernden »Besuche« – eigentlich waren es Überfälle – einer riesigen Erscheinung, die sie das »Greuel« nannte, eine unvorstellbare Belastung für sie, eine Seelenqual, die sie jedesmal mit Grauen und Schrecken durchstand, aber nur bestehen konnte, wenn sie Gott anrief und betete. Je öfter der Unbekannte kam und je länger er blieb – sie nannte ihn schließlich nur noch den »Armen« – um so mehr wich ihre Angst dem großen Erbarmen in ihr und – der Liebe. Und so wurde auch er etwas menschlicher und sein Gesicht einmal sogar »freundlicher«, »wenn man das so nennen kann, denn es ist sehr abstoßend«, wie die Prinzessin hinzufügt. Ihre vielen Erlebnisse sind menschlich höchst interessant, und es grenzt an ein Wunder, was ein Herz alles ertragen kann, wenn es vom Glauben und dem Wunsch, zu helfen, erfüllt ist.

Eine Frau von gleicher innerer Stärke ist auch *Maria Simma* in Sonntag im Großen Walsertal. Auch ihr Charisma ist es, durch Opfer mannigfachster Art und sogar durch Sühne-Mitleiden den noch belasteten Seelen, die sich an sie wenden, helfen zu dürfen. Ihre bis zum Jahr 1940 zurückgehenden Erfahrungen sind in einem Büchlein mit dem Titel »Meine Erlebnisse mit

Armen Seelen« niedergelegt.[74] Es ist ein schlichtes, nicht in Tagebuchform geschriebenes Buch, aber dennoch ein Zeugnis für ein ernst genommenes Apostolat. Ergänzt werden ihre Mitteilungen und Aussagen durch Ausführungen ihres Seelenführers, des Ortspfarrers Alfons Matt, die dieser in Berichtsform seinerzeit an den zuständigen Bischof von Feldkirch, Vorarlberg, gesandt hat, um ihn über die außergewöhnlichen Vorfälle um Maria Simma zu unterrichten. Es steht in diesem auszugsweise wiedergegebenen Bericht manches Interessante, etwa über den Beginn der Erscheinungen und ihre rapide Zunahme nach 1953.

Als einen der schwersten Fälle, mit dem die Simma zu tun hatte, hebt der Pfarrer das Erscheinen eines ehemaligen Kölner Priesters aus dem Jahr 555 hervor, »der einen verzweifelten Eindruck machte«. Nach eigenem Geständnis soll er schwerste Schuld auf sich geladen haben durch Morde an den Gefährtinnen der hl. Ursula, durch mehrfachen Ehebruch und Abfall vom Glauben. Maria Simma nahm damals ein schweres Sühneleiden in physischer und seelischer Qual auf sich; sie ertrug es eine Woche lang mit der Genugtuung, dem schon so lange Büßenden damit geholfen zu haben.

Die Kirche verhielt und verhält sich gegenüber dem Phänomen Simma – wie immer in solchen Fällen – zurückhaltend, abwartend. Sie suchte von Anfang an nach Beweisen für die Echtheit der Erscheinungen. Doch eine gute Kontrolle bot sich ihr dadurch an, daß viele Verstorbene, nicht nur aus der unmittelbaren Umgebung des Walsertales, sondern aus den verschiedensten Gegenden des deutschen Sprachraums, sich mit ihren ehemaligen Namen meldeten und sogar die Adresse ihrer Angehörigen angaben, an die sie bestimmte Wünsche oder Bitten bestellen wollten. In dem Bericht des Pfarrers Matt an Bischof Tschann in Feldkirch werden lange Reihen von Namen Verstorbener nebst ihren Anliegen angeführt. Pfarrer Matt vermerkt, daß er diese Wünsche größtenteils selbst an die zuständigen Pfarrämter zur Überprüfung und Weitergabe geleitet habe und die Angaben der Verstorbenen in vielen Fällen als richtig bestätigt worden seien.

Wir wollen dieses Kapitel mit den Berichten über Begegnungen mit Seelen im Läuterungsprozeß nicht abschließen, ohne jener bedauernswerten Menschen zu gedenken, die – zumeist in völliger Verkennung ihrer Aufgaben und Pflichten – mit bedenkenloser Geringschätzung ihres Lebens Selbstmord begehen, nur weil sie der Meinung sind, die »Zwecklosigkeit« ihres Daseins »erkannt« zu haben, oder weil sie zu feige sind, die Schwere ihrer Verantwortung weiterzutragen – ganz abgesehen von denen, die aus geringfügigen Anlässen oder aus rein materiellen Gründen, vielleicht ob selbstverschuldeter Verluste bei Spekulationen, das Leben von sich werfen. Wenn man alle jene ausschließt, die durch die Schuld anderer in den Tod getrieben werden, ist und bleibt der Selbstmord immer ein schweres Versagen, in sehr vielen Fällen ein Verbrechen, »vom Geiste aus gesehen«, wie Carl Welkisch sagt.
Dieser weise Mystiker, von dem wir wissen, daß er die Gabe der Jenseitsschau besitzt und häufig gezwungen ist, die Schicksale Verstorbener von seinem diesseitigen Standpunkt aus miterleben und mitzuerleiden, hatte wiederholt Gelegenheit, zu schauen, wie schwer es *Selbstmörder* haben, sich von ihrer Tat – einer oft unbedachten Kurzschlußhandlung –, und von den Wahnideen, die sie in den Tod trieben, freizumachen und sich den geistigen Helfern anzuvertrauen, die »drüben« bereitstehen, ihnen den Weg aus dem schmerzenden Dunkel ihrer geistigen Nacht ins Licht zu weisen. Schrecklich, sagt Welkisch, sei für sie allemal das »Erkennen des eigenen Verschuldens am Verlust des unwiederbringlich Verlorenen«.[75]

Nichts sollte uns mehr zu denken geben, als gerade das hier abgeschlossene Kapitel von Erscheinungen aus den untersten Bereichen des Jenseits. Auch dem Skeptiker müssen die hier berichteten Phänomene, an deren Echtheit nicht zu zweifeln ist, und die Schlußfolgerungen, die daraus zu ziehen sind, zu denken geben. Niemand sollte es sich zu leicht machen und meinen, daß für ihn keine Gültigkeit habe, was für viele andere eine erwiesene Tatsache ist.

Unser Leben über die Zeiten hinweg kann sich nur in dem Maße gut gestalten, als wir es schon hier auf der Grundlage eines ausgewogenen, mit Umsicht geführten, um Liebe, Maß und Gerechtigkeit bemühten Daseins vorbereiten. Wir werden nicht vollkommen sein im Augenblick unseres Sterbens auf Erden und unsere Seele wird dann nicht ohne Flecken sein, aber umstrahlt soll sie sein von Liebe und innerer Wärme und leuchten in Demut und Dankbarkeit – in Demut vor der Größe Gottes, die wir nur ahnen konnten, und in Dankbarkeit für all das Schöne und Große in seiner Schöpfung, dessen wir Zeugen wurden, in Dankbarkeit auch für manches Schwere, das uns auferlegt wurde und das wir bestehen durften, um uns zu bewähren und dabei zu reifen.

Wir wissen um Wert und Bedeutung großer Prüfungen, in welcher Form sie uns auch geschickt werden. Mutig bestanden, sind sie Marksteine unseres Weges, hin – in das zweite Leben.

IV. TEIL

Der Spuk und seine Phänomene

Was man im Deutschen unter der Bezeichnung »Spuk« an Phänomenen zusammenfaßt, gehört zu einem der ältesten, auch umstrittensten Erfahrungsbereiche der Menschheit. Alles, was mit ihm zusammenhängt, ist irgendwie unheimlich und erregend. Nicht mit Unrecht hat man daher den Spuk eine Herausforderung an den gesunden Menschenverstand genannt.

Freilich sehen viele Menschen heute im Spuk nur noch ein Relikt des überholten Aberglaubens einer vergangenen Zeit. Für sie gilt, wie übrigens auch für manchen Wissenschaftler, daß nicht sein kann, was nicht sein darf. Für uns aber, die wir uns mit paranormalen, übersinnlichen Erscheinungen befassen, ist der Spuk kein Ammenmärchen und kein Hirngespinst, sondern eine unbestreitbare Realität und in der Form des ortsgebundenen Spuks, wie sich noch zeigen wird, auch ein Glied mehr in der langen Kette der Beweise für das persönliche Fortleben nach dem Tode. Dies gilt für alle Fälle von Spuk, die auf eine einwandfrei nachweisbare oder zumindest sehr wahrscheinliche Einwirkung Verstorbener zurückgeführt werden können.

Die mit dem Spuk zusammenhängenden wissenschaftlichen Fragen, Theorien und Hypothesen, können in unserer Kurzbetrachtung begreiflicherweise nur am Rand gestreift werden.

Schon vor hundert Jahren haben sich Forscher mit Spuk und seinen Begleiterscheinungen befaßt. Erinnert sei an die einschlägige Materialsammlung der englischen »Gesellschaft für Psychische Forschung« (Society for Psychical Research), an das Buch »Der Spuk« des deutschen Forschers Piper, der darin 250 spukhafte Geschehnisse veröffentlichte, an die späteren grundlegenden Publikationen des italienischen Parapsychologen Ernesto Bozzano zum Thema Spuk, nicht zuletzt an die auf Spuk und Psychokinese bezüglichen Arbeiten von Dr. Albert Frhr.v. Schrenck-Notzing. Nicht vergessen sei das Werk von Fanny Moser »Spuk, Irrglaube oder Wahrglaube«, zu dem Prof. Dr. C. G. Jung eine Einleitung geschrieben hat; manchem Forscher der letzten Jahrzehnte hat es Anregungen gegeben.

18. KAPITEL

Formen des Spuks – Der personengebundene Spuk

Man unterscheidet zwei Hauptformen des Spuks: den personengebundenen und den lokalen oder ortsgebundenen Spuk. Bei beiden können die äußeren Begleiterscheinungen die gleichen sein. Man spricht dann gewöhnlich von Poltergeistphänomenen. Die Bezeichnung »Poltergeist« kommt übrigens als deutsches Fremdwort auch in anderen Sprachen vor.
Der *personengebundene Spuk* wird auf Grund einer Hypothese, die seinerzeit der aus Ungarn stammende Psychologe Nándor Fodor aufgestellt hat und die nachher auch von Parapsychologen übernommen wurde, allgemein auf seelische Ursachen im Unbewußten eines lebenden Menschen zurückgeführt. Sehr häufig werden hierbei Jugendliche im Pubertätsalter zwischen 10 und 19 Jahren, deren Psyche sich gerade in einem Spannungszustand befindet, als Verursacher des Spuks angenommen. Der Spukbehaftete erscheint dann als Opfer von seelisch gesteuerten Vorgängen, die sich offenbar selbständig, also ohne sein Dazutun, abspielen und ähnliche Phänomene auslösen können, wie sie im ortsgebundenen Spuk vorzukommen pflegen. Die Wissenschaft nimmt also an, daß ein Jugendlicher

– oft handelt es sich noch um Kinder – allein soviel seelisch-geistige Kräfte aufbringen kann, daß diese, auch ohne bewußte Mitwirkung des Jugendlichen, oft ganz erstaunliche, ja manchmal geradezu unmöglich erscheinende Kraftakte psychokinetischer Art zustandebringen.
Ich bin wohl der Auffassung, daß ein junger Mensch vermöge seiner durch die pubertären Prozesse gesteigerten Vitalkraft, in Verbindung mit erhöhter Medialität, den Spuk als solchen ermöglichen kann, bezweifle aber, daß er ihn in *jedem* Fall selber auslöst und allein dafür verantwortlich ist. Denn zur Auslösung bedarf es m. E. oft noch einer weiteren geistigen Kraft, die sich der Medialität des Jugendlichen bedient und dadurch erst Spukvorgänge hervorbringt, die den Rahmen bisher bekannter psychokinetischer Phänomene übersteigen. Eine solche den Spuk erst auslösende Kraftquelle kann sehr wohl außerhalb des irdischen Bereichs, also im Jenseits, vermutet werden. Sie bedient sich, meist in äußerst aggressiver Weise, der jugendlichen Psyche und ihrer Medialität und bringt dadurch Phänomene hervor, die häufig sogar in ausgesprochen feindlicher Absicht gegen den Jugendlichen selbst gerichtet sind.
Einer der bestbelegten Fälle des hier angesprochenen Spuktyps ist der Rosenheimer Spuk, der sich 1967/68 in der Kanzlei des Rechtsanwalts S. Adam abspielte und auf eine 19jährige Sekretärin zurückgeführt wurde, die als »spukbefallenes« Opfer den Vorgängen hilf- und ratlos ausgeliefert war.
Die in Rosenheim beobachteten Erscheinungen, um deren Aufklärung sich später u. a. Prof. Dr. Hans Bender, Freiburg, Prof. Dr. Dr. Andreas Resch, Innsbruck, die Physiker Dr. Karger und Dr. G. Zicha von der Technischen Hochschule München bemühten, begannen zunächst verhältnismäßig harmlos, wurden dann aber zunehmend ärger und nahmen rasch einen ausgesprochen chaotischen, äußerst beunruhigenden Charakter an.[76]

[60] Die mysteriösen Vorgänge setzten überraschend damit ein, daß ohne jede nachweisbare Ursache die Neon-Leuchtröhren an der Decke der Kanzleiräume immer wieder erloschen und jedesmal um 90° aus den Halterungen herausgedreht waren. Explosionen mit heftigen Knallgeräuschen folgten und Sicherungsautomaten lösten sich selbständig aus. Ein Kopiergerät verspritzte immer wieder die Flüssigkeit. Das große Rätsel aber war, daß die vier Telefonapparate des Hauses immerfort gestört wurden, so daß die Arbeit im Büro manchmal völlig durcheinander geriet. Wiederholt klingelten mehrere Apparate gleichzeitig, Gespräche wurden unterbrochen und das Merkwürdigste war, daß nachweislich immer wieder – oft bis zu 40, 50-mal hintereinander – die Nummer 0119 der örtlichen Zeitansage gewählt wurde, ohne daß auch nur *ein* Apparat berührt worden war.

Diese Vorkommnisse hatten wiederholt technische Überprüfungen der gestörten Apparate durch das Fernmeldeamt zur Folge, ohne daß die Störungen und das Zustandekommen der Anrufe erklärt werden konnten. Das einzige, was funktionierte, war das Anwachsen der Telefonrechnungen ins Riesenhafte. Die Phänomene nahmen in der Folge nicht ab, sondern eher noch zu. Lampen begannen zu pendeln, Bilder und Kalender drehten sich an der Wand und lösten sich von selbst aus den Haken. Schließlich traten Schubläden in Gegenwart eines Zeugen selbsttätig aus den Schränken heraus und ein 3 1/2 Zentner schwerer Aktenschrank wurde zweimal vor Zeugen um 30 cm von der Wand abgerückt!

Der Spuk fand erst ein Ende, als die junge Angestellte, Annemarie Sch., ihren Dienst in der Anwaltskanzlei aufgab. Der ganze Spuk schien also auf diese eine Person zurückzugehen.

Merkwürdig ist nur, daß die junge Dame ihre Spukbegabung nicht mitnahm, obzwar vorübergehend das Gerücht kolportiert wurde, es hätten sich auch in einem anderen Anwaltsbüro, wo Rosemarie Sch. eine Zeitlang arbeitete, einige Male spukähnliche Vorgänge ereignet. Aber das sind Gerüchte, keine Beweise. Jedenfalls hat A. Sch. nachher geheiratet, ist seither sehr glücklich und gesund und hat zwei Kinder. Scheint dies nicht auch gegen den personengebundenen Spuk zu sprechen? Bleibt also nach wie vor die Frage: War der Spuk wirklich nur personengebunden, nicht vielleicht doch in noch höherem Maße durch irgend eine andere Psyche, ob die eines lebenden oder eines verstorbenen Menschen, an den Ort, nämlich das Haus Königstraße 13 in Rosenheim, gebunden?
In der Vermutung, daß es sich um eine jenseitige Wesenheit handeln könnte, werde ich bestärkt durch einen am 10. April 1970 in den Nürnberger Nachrichten erschienenen und dann von der Esotera in Heft 8/1970 wiedergegebenen Tatsachenbericht, in dem der damals 42jährige Geschäftsmann K. W. aus Nürnberg mitteilt, daß sich sein Onkel, Gymnasialprofessor August Kneussl, der mit seiner Frau im Stockwerk unterhalb der Anwaltskanzlei Adam wohnte, im Jahr 1946 – nach siebenjähriger Belästigung durch Spukvorgänge in seiner Wohnung – das Leben genommen habe, u. zw. wegen der ständigen »Geistererscheinungen«, die ihn »mehr und mehr fertig« machten. Wenn dem so ist – und die Behauptung des Herrn K. W. ist m. E. nie widerlegt worden –, dann besteht der Zweifel an einer ausschließlich animistischen Erklärung des Falles zurecht.

Was uns beim Rosenheimer Spuk und ähnlich gearteten Spukvorgängen auffällt, ist der Umstand, daß hinter den Vorkommnissen immer ein intelligenter Auslöser, eine Art Regisseur, zu vermuten ist. Die Phänomene erscheinen zwar sinnlos, verfolgen aber bestimmt ein Ziel, auch wenn es zumeist ein negatives ist, etwa die Absicht, Unruhe zu stiften, Angst zu verbreiten, oder einfach, zu provozieren und Aufsehen zu erregen. Die Vorgänge werden also überlegt inszeniert und in die Tat umgesetzt. Und dies ist das Unheimlichste am Spuk, egal, welchem Typ er angehört.

Ein weiteres Beispiel für einen Grenzfall sog. personengebundenen Spuks ist der »Bauernhof-Spuk im Berner Oberland«, beschrieben und ausführlich kommentiert in dem Buch »Schweizer Spuk und Psychokinese«[77].

[61] In diesem Fall, der sich im Haus und in der Familie eines Bauern abspielte, wurde der Spuk zwar von dem medial veranlagten 12jährigen Sohn des Bauern kraft seiner psychokinetischen Fähigkeiten ermöglicht, vermutlich ausgelöst aber 1972 von einer im Jahr 1971 verstorbenen Tante, die zu Lebzeiten weder zu dem Jungen noch zu dessen Eltern ein sonderlich gutes Verhältnis hatte, obzwar sie von ihren Angehörigen mit allem Lebensnotwendigen versorgt worden war.

Die ersten auffallenden Phänomene zeigten sich im Februar 1972 im Stall und auf der Tenne. Kühe wurden von den Stricken gelöst, wobei diese mit unvorstellbarer Kraftanstrengung zerrissen wurden; das Tor der Tenne öffnete sich immer wieder von selbst, der Stöpsel im Brunntrog verschwand, schließlich sogar das Wasser. Bald erwies sich das Wasser in Haus und Hof als ungenießbar. Dies führte dazu, daß eine neue Quelle angezapft und schließlich sogar eine neue Leitung gelegt werden mußte, um das Haus mit Wasser zu versorgen. Aber dies alles half nichts – das Wasser wurde weiter verschmutzt. »In der Not wurde ein Zuber sauberen Wassers in die Waschküche getragen und unter Verschluß gehalten. Als der Vater das Wasser zur

Milchkühlung benutzen wollte, befand sich im Zuber statt Wasser Pauls (des Sohnes) nasser Stallkittel. ... Auf dem neu herbeigetragenen Wasser schwamm nach einer halben Stunde eine dicke Ölschicht. Das Öl schien aus einer Schmierkanne zu stammen, die auf einem Regal in der Waschküche stand und leer war.«

Es wurde immer deutlicher, daß sich das Spukgeschehen auf den Sohn Paul konzentrierte, das heißt, daß er von einer unsichtbaren, gezielt handelnden Macht immer mehr und immer häufiger attackiert wurde. »Wann immer Paul im Stall erschien, geschah ein Unheil«, heißt es in dem Bericht. »Einmal hüpfte unverhofft eine Kuh in die Höhe; von ihrem Schwanz fiel eine Haarsträhne zu Boden. Ein andermal teilte sich ein an der Decke hängendes Seil mitten entzwei. Das Phänomen wurde vom Ratschen einer Säge begleitet ...« »Der Mistkarren verschwand mehrmals. Eines Tages stand er mit Steinen gefüllt vor dem Haus. Als er mit Mist gefüllt einmal nicht sofort geleert wurde, entleerte er sich von selbst, blieb dabei aber stehen!«

Als sich die Ereignisse überstürzten, entschloß sich die Mutter, mit dem Jungen zu einem Kapuzinerpater zu gehen, damit er den Exorzismus ausführe. Dies geschah – übrigens bereits zum zweitenmal während der Spukvorgänge – und darnach trat für einige Tage Ruhe ein. Nachher setzte der Spuk mit Tricks und Belästigungen im Stil der üblichen Poltergeistererscheinungen von neuem ein.

Da erschien dem Jungen eines Abends die verstorbene Tante Louise, wie eine Lebende. »In schwarzen Kleidern, mit einem Hut, aber ohne Strümpfe und Schuhe sei sie auf dem Miststock gestanden« und habe Klage darüber geführt, daß sie keine Ruhe finde, ehe nicht das Altersheim, dem ihr Vermögen auf Grund eines Vermächtnisses zugefallen war, die Erbschaft wieder erstattet hätte. Sie kündigte nach Pauls Mitteilung an, noch zehnmal wieder zu erscheinen.

Das geschah dann auch, während es noch zu einer Reihe weiterer spukhafter und schabernackartiger Vorfälle kam. Schließlich mußte der Kapuzinerpater noch einmal eingreifen und mit der Familie den Exorzismus beten. »Er segnete Salz und Wasser und besprengte damit Haus und Hof.« Und damit trat endlich Ruhe ein.

Der Verfasser des Berichts, Guido Lauper, schreibt in »Erklärungsansätzen«: »Der spiritistischen Hypothese muß in diesem Fall vor der animistischen sicher der Vorzug gegeben werden.« Streng genommen, handelt es sich bei dem Bauernhof-Spuk nicht um einen personengebundenen Spuk oder nicht allein um einen solchen, sondern um einen lokalen Spuk, der sich eines jugendlichen Mediums bedient und hinter dem der Wille der verstorbenen Tante als der treibenden Kraft wirksam wird. Diese Spukform geht sehr häufig nicht auf irdische, sondern auf jenseitige Einflüsse zurück, und zwar auf Willensbekundungen eines verstorbenen Menschen, die sich oft auf drastische Weise äußern können. Damit sind wir schon beim nächsten Kapitel.

19. KAPITEL

Der ortsgebundene Spuk

Spukfälle, die an einen Raum oder ein Gebäude gebunden sind, kann man in mehrere Gruppen einteilen:

a) in solche mit ausgesprochenem Zwangscharakter, in denen

der Spukende gewissermaßen wie ein Hypnotisierter von einer Idee besessen ist und unter dem Zwang dieser Idee Phänomene von auffallend gleichartiger Natur hervorbringt, und
b) in andere, für die je nach der Erscheinungsform und Motivation eine andere Erklärung gesucht werden muß, wenn sie überhaupt erklärt werden können.

Einen Fall harmloser Art, der eigentlich ein Wiedergängerphänomen ist, berichtet uns der auch als Parapsychologe bekannte englische Theologieprofessor Pfarrer Charles Tweedale in seinem Buch »Man's Survival after Death« (»Das persönliche Fortleben nach dem Tode«).

[62] Die Geschichte handelt von Tweedales Tante Leah, die am 25. Dezember 1900 gestorben war und genau fünf Jahre später plötzlich in seinem Speisezimmer erschien, ganz in Weiß gekleidet, und nach des Pfarrers Beschreibung »geradewegs durch den Christbaum« hindurchschritt, »ohne ihn umzuwerfen oder im geringsten an die daran hängenden Sachen zu rühren«. Gleichzeitig hörte man lautes Kratzen an der Tür und ein langes Knurren, das in ein Stöhnen oder Wehklagen ausklang. Das Knurren ging offenbar auf Tante Leahs Kurzhaar-Terrier zurück, der sechs Jahre vor ihr verendet war, nun aber wiederholt mit ihr erschien und sich hierbei wie ein lebender Hund benahm, gelegentlich sogar sein auffallendes Temperament wieder erkennen ließ.

Die verstorbene Tante pflegte von allen Teilen des Hauses aus die Namen der Familienmitglieder zu rufen, erschreckte durch ihr plötzliches Erscheinen die Hausbewohner, vor allem die Angestellten, die sie gar nicht kannten, und führte so laute Gespräche mit ihrer Schwester Marie, daß sie auch von anderen vernommen wurden. Auf die Frage, warum sie denn keine Ruhe finde und immer wieder erscheine, sagte sie zu ihrer Schwester: »Marie, Marie, ich will meinen Namen in der Gruft sehen.«

Pfarrer Tweedale kam zu der Schlußfolgerung: »Dieses Erlebnis ... zeigte, auf unmißverständliche Weise, in wie starkem Maße erdgebundene Interessen in den ersten Tagen, ja selbst Jahren des geistigen Lebens noch vorwiegen.«

Die Verstorbene konnte sich aber auch dann, nachdem ihr Name in der Gruft verewigt war, nicht dazu entschließen, auf ihr Erscheinen unter Menschen zu verzichten. Auch ihr Hund wurde noch einige Male wiedergesehen.[78]

Aufregender mag wohl das Spukerlebnis gewesen sein, das der griechische Philosoph Arthenodoros in Athen hatte und das der römische Schriftsteller Plinius d. J. († 113 nach Chr.) genau beschrieben hat. Arthur Schopenhauer hat zum erstenmal darüber in seiner Arbeit »Versuche über Geistersehen« berichtet.

[63] Die Geschichte erzählt, daß der griechische Philosoph ein einsames, etwas verwahrlostes Haus gemietet hatte und darin nun mitten in der Nacht eine unheimliche Begegnung hatte. Es erschien ihm nämlich mit Kettengerassel ein Geistwesen und gab ihm mit Zeichen zu verstehen, daß er ihm nachfolgen solle. Erst nach längerem Zögern konnte sich Arthenodoros dazu entschließen und folgte dem Phantom mit einem Licht in der Hand bis in den Hof, wo es an einer bestimmten Stelle verweilte und dann plötzlich verschwand. Arthenodoros, aufmerksam geworden, bezeichnete die Stelle, wo das Gespenst stehen geblieben war, mit einigen Zweigen und ließ tags darauf an dieser Stelle nachgraben. Hierbei stieß man auf das Skelett eines Mannes, der anscheinend mit einer daneben liegen-

den Kette gefesselt worden war. Daher das Geräusch einer rasselnden Kette!

Schopenhauer weist in diesem Zusammenhang hin auf die in Hergang und Beschaffenheit auffallende Ähnlichkeit derartiger Spukerscheinungen, die einen ausgesprochenen Zwangscharakter verraten und uns von allen Völkern aller Zeiten berichtet werden. Der Tote findet nicht eher Ruhe, als bis sein Tod als Mord erkannt und sein verscharrter Körper gefunden und »richtig« begraben worden ist. Die Wissenschaft spricht in solchen Fällen von Monoideismus (gr. mónos = allein, einzig; idéa = Vorstellung) und will damit zum Ausdruck bringen, daß jemand – in unserem Fall der Geist des Ermordeten – von einer Idee beherrscht wird und darum keine Ruhe findet. Der Ermordete war in dem Spukhaus, das Arthenodoros gemietet hatte, sicherlich schon öfters erschienen, aber vielleicht niemals verstanden worden.
Er mußte also von einem Menschen, der auf sein Erscheinen einging, von seinem Monoideismus »erlöst« werden und konnte so Ruhe finden.

Ein Gegenstück zu der eben berichteten Geschichte ist der bekannte Spukfall von Hydesville, USA, der später sogar zum Anlaß der spiritistischen Bewegung und im weiteren Verlauf auch für den Mediumismus von Bedeutung wurde.

[64] Zu dem Fall wird berichtet, die Familie Fox sei Ende 1847 in ein älteres Haus eingezogen, von dem schon früher in der Bevölkerung das Gerücht umging, daß es darin nicht ganz geheuer sei. – Im März 1848 wurde die Familie plötzlich durch ausgesprochene Poltergeistphänomene beunruhigt. Man hörte Klopftöne, schwere Tritte vom Schlafzimmer in die Küche und über die Kellertreppe hinab bis zu einer bestimmten Stelle; dann ein Geräusch, das sich anhörte, als ob ein schwerer Körper durch die Wohnung und hinab in den Keller geschleppt würde, und schließlich Grabgeräusche unten im Keller.

Es ist begreiflich, daß all diese Erscheinungen, die bald täglicher Gesprächsstoff in der Familie wurden, auch in der Nachbarschaft nicht verborgen blieben und zu Diskussionen führten, in denen die verschiedensten Mutmaßungen über die Entstehung der Geräusche geäußert wurden. Auch an einen Geist als Verursacher der Phänomene wurde gedacht.

Inzwischen hatten die beiden Töchter der Familie Fox und die Mutter begonnen, durch laute Frage mit dem mutmaßlichen Geist in Verbindung zu treten. Dies gelang auch tatsächlich mittels des Klopfalphabets (1 Klopflaut = a, 2 = b usw.). Man stellte Fragen und der Unbekannte antwortete mit Klopflauten. Auf diese Weise wurde in Erfahrung gebracht, daß der Spukende zu Lebzeiten Kaufmann gewesen sei und in demselben Haus gewohnt habe, doch eines Tages ermordet worden sei. Der Mörder habe ihm den Kopf abgetrennt und den Körper im Keller begraben. – Nun forschte man im Keller nach und stieß unter Spuren von Holzkohle tatsächlich auf menschliche Haare, Knochenreste und Teile eines Schädels. Den Körper selbst fand man nicht. Aber 56 Jahre später, 1904, wurde das Geheimnis des Mordes doch gelöst. Damals spielten nämlich Kinder in dem inzwischen unbewohnten Haus, wobei eines von einer einstürzenden Wand im Keller begraben wurde. Beim Graben nach dem Kind wurde zwischen der eingestürzten Wand und der Außenmauer ein Hohlraum entdeckt und darin das Skelett eines Mannes ohne Schädel gefunden.[79]

In diesem Fall ist die Motivation des Spuks einwandfrei erkennbar. Der Verstorbene mußte den Spuk inszenieren, um auf den an ihm verübten Mord aufmerksam zu machen. Nur so konnten dann auch seine Skelettreste begraben werden.
Man beachte auch die intelligente Reaktion des spukenden Ermordeten auf Fragen an ihn, die er also gehört und verstanden hat, durch psychokinetisch erzeugte Klopfgeräusche und das komplizierte Abklopfen der Antworten, wobei jeweils eine bestimmte Zahl von Klopftönen einem bestimmten Buchstaben des Abc entsprach. Der »Tote«, der in Wirklichkeit lebte, hatte von seiner Intelligenz, seiner Individualität nichts eingebüßt.
Alle Versuche, den Fall von Hydesville anders als spiritualistisch erklären zu wollen, ihn etwa auf Halluzinationen oder Schwindel zurückzuführen, sind als gescheitert zu betrachten.

Interesse eines Verstorbenen an der pietätvollen Bestattung seiner Leibesüberreste bezeugt auch folgender Fall, den uns James H. Hyslop, Philosophieprofessor a. d. Columbia-University, überliefert:

[65] Die Geschichte handelt von einem Studenten namens Adams, der mit zwei seiner Kollegen vereinbart hatte, daß das Skelett desjenigen von ihnen, der als erster sterbe, den anderen zu medizinischen Forschungszwecken zur Verfügung stehen sollte. Er selbst stellte nur die Bedingung, daß, wenn er der erste sein sollte, sein Skelett pietätvoll behandelt und später auch begraben werden müßte, sobald es der Wissenschaft nicht mehr dienen könne; anderenfalls würde er sich durch Poltern bemerkbar machen. Ausgerechnet dieser Adams starb als erster. Sein Skelett wurde präpariert, diente dann zunächst seinen beiden Kameraden und nachher anderen Ärzten als Studienobjekt und landete schließlich bei einer Familie Kinneman, wo es zuerst in einer Mansarde und dann im Keller abgestellt wurde. Darauf setzte bald der angedrohte Spuk ein und hielt 25 Jahre an, ehe man die Ursache des Spuks erkannte. Man hörte schwere Schritte die Treppe auf und ab gehen und auch andere Geräusche beunruhigender Art. Als man dann auf die Idee kam, das Skelett ordnungsgemäß zu begraben, hörte der Spuk sofort auf.[80]

Hier taucht die Frage auf: Hat der Verstorbene all die Zeit über das Schicksal seines Skeletts verfolgt oder wie könnten wir uns sonst seine plötzlich einsetzende Reaktion auf die Nichteinhaltung der seinerzeitigen Verabredung betreffs einer pietätvollen Bestattung seines Skeletts erklären? Ich halte *die* parapsychologische Erklärung für richtig, die dazu meint, daß sich der Spuk nach einem geistigen Gesetz erfüllen muß, indem der Geist des Verstorbenen zu gegebener Zeit automatisch auf den Plan tritt, um die Erfüllung der Verabredung durch geistig hervorgerufene Phänomene zu erzwingen.

Einen hierher passenden Fall entnehme ich dem Buch »Der Tod ist nicht das Letzte« von Annette di Rocca[81]:

[66] »Ich kannte eine Klosterfrau frommen Herzens und nüchternen Sinnes. Phantastereien lagen ihr fern. An einem Ehrenplatz in ihrer Zelle hatte sie einen Totenkopf stehen, den sie sich einmal gewünscht und von einem Friedhofswärter erhalten hatte. Den Heiligen gleich hielt sie dort gern ihre Betrachtungen über die Vergänglichkeit alles Irdischen. Eines Nachts erwachte sie und bemerkte zu ihrem Staunen, daß der Schädel ein hell-leuchtendes grünliches Licht ausstrahlte und die ganze Wand davon überflutet war. Sie betrachtete das Phänomen lange Zeit und dachte, daß es wohl die Knochen wären, die in der Dun-

kelheit phosphoriszierten. Wie aber erschrak sie, als plötzlich in das nächtliche Schweigen hinein eine tiefe dunkle Männerstimme – jedes Wort nachdrücklich betonend – laut und deutlich sagte: ›Gib mir meinen Kopf zurück!‹ Am folgenden Tag ließ sie ihn in geweihte Erde betten.
– Und da sagen die Übergescheiten, mit dem Tod ist alles aus, es gibt nichts . . .«

Den Schlußworten der Berichterstatterin kann auch ich nichts Besseres hinzufügen. Jede einzelne Fallgeschichte dieses Buches will beweisen, daß der Mensch nicht tot ist, wenn er stirbt . . .

Der nächste Fall ortsgebundenen Spuks hat den Vorzug, ein Erlebnis des bekannten Psychologen C. G. Jung zu sein. Der von ihm selbst verfaßte Bericht darüber ist in dem Buch »Spuk« von Fanny Moser abgedruckt erschienen. Ich gebe ihn sehr gekürzt wieder.

[67] Im Sommer 1920 weilte Prof. Jung in London, wo er auf Einladung von Dr. X. Vorlesungen hielt. Für fünf Wochenenden hatte der englische Kollege für sie beide ein höchst anziehendes altes »Farmhaus« in einem Dorf bei London zu erstaunlich billigem Preis gemietet. Prof. Jung bezog dort ein Schlafzimmer im 1. Stock mit zwei Fenstern zum schönen Garten. Und hier in diesem Raum erlebte er nun Nacht für Nacht, so oft sie hier weilten, eine Reihe sich steigernder spukhafter Phänomene, während sein englischer Kollege in einem benachbarten Appartement völlig ungestört blieb. – Schon in der ersten Nacht fiel Jung in eine so merkwürdige Erstarrung, daß er sich nur mit Aufbietung aller Kräfte davon lösen konnte. Ferner wurde das Zimmer – trotz offener Fenster – von einem undefinierbaren üblen Geruch erfüllt. – Von der dritten

Nacht an wurde Jung überdies durch das monotone Geräusch tropfenden Wassers gequält, obzwar, wie er später feststellen konnte, nirgends im Raum ein Wasserhahn war, auch die Zimmerdecke keine Wasserflecken aufwies und das Geräusch auch von außen nicht kommen konnte. – Mit jedem Wochenende steigerten sich die Phänomene und es traten neue hinzu, wie das Geräusch von knisterndem Papier und krachenden Möbeln. – Im Laufe des dritten Wochenendes schwollen die Geräusche im Zimmer zu einem Brausen und Sausen an und die Schläge an der Wand – auch außen auf die Backsteinmauer (im 1. Stock!) schienen wie von einem »umwickelten Schmiedehammer« herzurühren.

Während des 4. Wochenendes verriet ihm die aus dem Dorf stammende Köchin, die immer schon vor Einbruch der Dunkelheit auffallend rasch das Haus verließ, daß das Gebäude, in dem sie wohnten, »haunted«, also ein Spukhaus sei, und darum hätten sie es auch so billig bekommen. Das fünfte Wochenende wurde dermaßen unerträglich, daß Jung seinen Gastgeber bitten mußte, ihm ein anderes Zimmer zu geben. Jung beschreibt, was er vorher erlebt hatte: »Es war eine schöne windstille Mondnacht. Im Zimmer rauschte, klopfte und knisterte es; von außen tönten Schläge an die Mauern. Ich hatte das Gefühl, es sei etwas in der Nähe. Ich öffnete mit Mühe die Augen. Da sah ich *neben mir auf dem Kopfkissen den Kopf einer alten Frau, das rechte Auge, weit aufgerissen, mich anstarrend. Die linke Gesichtshälfte fehlte bis zum Auge.* Das kam so plötzlich und unerwartet, daß ich mit einem Satz aus dem Bett flog, Licht machte und bei Kerzenschimmer in einem Lehnstuhl den Rest der Nacht verbrachte.« Jung beschrieb nachher den grauenhaften Kopf als »durchaus lebendig, kompakt und körperhaft. Er befand sich rechts von mir in einer Entfernung von etwa 40 cm. Am Schluß löste er sich nicht auf, sondern verschwand in dem Moment, wo ich Licht machte«.[82]

Prof. Jung konnte für das Erlebnis keine befriedigende Erklärung geben. Aber nach der Erfahrung mit anderen lokalen Spukgeschichten, deren Entstehung fast ausnahmslos auf tragische Geschehnisse zurückgeführt werden kann, darf gewiß auch in diesem Fall eine ähnliche Spukursache angenommen werden. Das Haus war jedenfalls, wie sich später herausstellte, seit Menschengedenken im Volk verrufen und gemieden. Es war ein Spukhaus, an das vielleicht eine Menschenseele gebannt war, eine Seele, die ihrer Erlösung harrte.

Ein Spukgeschehnis, das mit einem Selbstmord zusammenhängt, wird von Guido Lauper in dem Buch »Schweizer Spuk und Psychokinese« berichtet und kommentiert. Im wesentlichen geht daraus folgendes hervor:

[68] Am 23. Oktober 1975 gegen 18.50 Uhr stürzte sich der 14-jährige Felix P. unter einen Zug und wurde getötet. Es war die Verzweiflungstat eines unter schweren Minderwertigkeitskomplexen stehenden jungen Menschen, der aus dem Teufelskreis widriger Umstände keinen anderen Ausweg mehr sah, als aus dem Leben zu scheiden. Dem Freitod gingen einige Vorkommnisse paranormaler Natur voraus, so das Stehenbleiben seiner Uhr am 13. Oktober um 18,45 Uhr, obzwar sie vorher noch völlig intakt war. Beim Öffnen des Uhrgehäuses wurde festgestellt, daß das Uhrwerk vollständig zertrümmert war (was man auf Psychokinese zurückführen könnte). Mit Recht fragt G. Lauper: »Ist die gewaltsame Zerstörung – nur des Innenlebens – der Uhr zur selben Zeit wie der elf Tage später gewählte Freitod rein zufällig?« (Der Selbstmord erfolgte um 18.50 Uhr.)

Es kam dann zu einigen spukhaften Vorfällen, die nur mit dem Verstorbenen in Zusammenhang gebracht werden können.

»Am Abend nach der Kremation glaubt Frau P. Schritte im Zimmer von Felix zu hören, sagt aber nichts, da sie an Sinnestäuschung denkt. Am nächsten Abend, die Eltern sitzen bedrückt und wortlos im stillen Eßzimmer, ertönt das Geräusch eines Autos und ein Schrei. Die Hündin der Familie P. heult auf und springt mehrmals freudig zwischen der ebenerdigen Balkontür und dem Fernsehapparat hin und her, auf welchem ein Plastiksack mit einem Haarbüschel des Toten liegt. Das Tier ist lange nicht zu beruhigen. Da ertönen wieder Schritte im Knabenzimmer über den Köpfen der Erschrockenen.«

Etwa zwei Wochen nach dem Todesfall werden von der Mutter an der Unglücksstelle einige Effekten des Toten gefunden, u. a. auch ein Brief von ihm: »Es ist besser, wenn ich es mache. Ich bringe euch ja nur Schwierigkeiten. Ich bin unter den Zug gesprungen, in der Hoffnung, einen schnellen Tod zu haben . . .« Drei Wochen später, am 27. November, erwacht Frau P. um 4.48 Uhr. »Zwei Minuten später rasselt der Briefkasten. Vor Schreck starr, bittet Frau P. ihren Mann nachzusehen. Denn so hatte nur Felix jeweils den Briefkasten betätigt, wenn er seine Heimkehr ankünden oder den Hund necken wollte. Niemand ist da. Der erregte Hund gibt keine Ruhe mehr, und an Einschlafen ist nicht mehr zu denken. Am nächsten Tage um dieselbe Zeit pocht es an der Balkontür, doch wieder ist niemand zu sehen. In den folgenden Wochen zerspringen noch einige gläserne Gegenstände; Geschirr verschwindet und taucht wieder auf usw.«[83]

Es ist kein Zweifel, der Abgeschiedene findet sich auch »drüben« nicht zurecht, ist noch an die Erde und seine Eltern gebunden und »meldet sich an«, bis er endlich zur Ruhe kommt.

Das nächste Beispiel gehört zu jenen lokalen Spukgeschehnissen, die oft über Jahrhunderte bis in die Gegenwart weiterwirken. Gerade historische Gebäude, Burgen und Schlösser des Mittelalters, werden gerne mit Spukgeschichten in Zusammenhang gebracht. Vieles mag davon auf bloßer Phantasie beruhen. Aber hie und da gibt es nun wirklich ein altes Gemäuer, an das ein nachweisbarer, immer wiederkehrender Spuk gebannt ist. Ein solches Gebäude ist das Schloß Bernstein im Burgenland.

[69] Hier wird schon seit einigen Jahrhunderten das zeitweilige Erscheinen einer »Weißen Frau« beobachtet und beschrieben. Solche weiße oder in helles Licht gehüllte Gestalten sind in Spukberichten keine Seltenheit. Im Falle Bernstein gibt es aber genügend Zeugen dafür, daß von Zeit zu Zeit außer dieser »Weißen Frau« auch noch ein Mann in Stulpenstiefeln, verschnürtem roten Rock und mit auffallend roten Haaren – allgemein als »Roter Iwan« bekannt – im Schloß sein Unwesen treibt. Wie sehr das Auftreten dieser Phantome – im Volksmund »Gespenster« – beunruhigend wirken oder schockieren kann, ist daraus ersichtlich, daß russische Offiziere, die während des 1. Weltkrieges auf Schloß Bernstein als Kriegsgefangene untergebracht waren, sich schon nach kurzer Zeit geweigert haben sollen, im Schloß zu bleiben, weil sie von jenem »Roten Iwan« dauernd beunruhigt worden seien. Die zu unregelmäßigen Zeiten erscheinende und von vielen gesehene Frauengestalt wird als eine zierliche Person mit langwallendem Haar und starr dreinblickenden Augen beschrieben, einen kronenartigen Schmuck auf dem Haupt, der ein merkwürdiges grünliches Licht ausstrahlen soll. Am 30. April 1913 wurde sie von einem Schloßbewohner fotografiert, und zwar, wie der Spukforscher Dr. Richard Illig und der katholische Parapsychologe Bruno Grabinski betonen, »unter Bedingungen, die jeden Betrug und jede Selbsttäuschung ausschließen«. Dr. H. Malfatti, Prof. der medizinischen Chemie a. d. Universität Innsbruck, hat die Echtheit der Aufnahme nachher geprüft und gutachtlich anerkannt. Er erklärt u. a.: »Auch der raffinierteste Betrüger oder Witzbold würde sich nicht wagen, und er würde auch nicht imstande sein, etwas so bis zur Unnatürlichkeit Unwahrscheinliches zur Darstellung zu bringen . . . Mit einem Wort, das Bild ist echt und das Interessanteste, was ich auf diesem Gebiet kenne.«

Die »Weiße Frau« soll im 15. Jahrhundert gelebt haben und eine geborene Florentinerin gewesen sein. Ihr Mann, ein ungarischer Adeliger namens Ujlaky – wahrscheinlich identisch mit dem »Roten Iwan« – soll sie einmal mit einem italienischen Jugendfreund überrascht und diesen erstochen und in einen Brunnen geworfen haben. Von seiner Frau, mit der er nur drei Jahre verheiratet war, hat von da an jede Spur gefehlt.[84]

Was den Wissenschaftler in solchen Fällen langdauernden Spuks am meisten interessiert, ist die Natur der regelmäßig erscheinenden, stereotyp wirkenden Phantome (Gespenster) und ihre Erklärung. Natürlich bietet sich auch hier die Vorstellung an, daß es sich bei jeder solchen Gestalt um ein durch eine Zwangsidee geprägtes »Gedankenbild« des seelisch belasteten Spukverursachers handelt. Darnach ist das Phantom eine feinstoffliche Verdichtung geistiger Komplexe, die weit über das irdische Dasein erhalten bleiben. Wir gehen nicht fehl, wenn wir in jedem ruhelos wiederkehrenden Phantom ein geistig (gedanklich) erzeugtes Abbild jenes einstigen Menschen sehen, der sich infolge eines noch ungebüßten leidenschaftlich-sündhaften Seelenzustandes (oder eines Verbrechens) als Gespenst zeigen, also »umgehen«, »geistern« muß – wie der Volksmund sagt –, bis er erlöst ist.

Prof. Hans Holzer, New York, der heute als der erfahrenste Spukforscher der westlichen Welt gilt, macht einen Unterschied zwischen Erscheinungen von Verstorbenen – den sog. Wiedergängern, von denen in diesem Buch wiederholt die Rede ist – und jenen Erscheinungen, wie sie uns in Schloß Bernstein und anderen historischen Gebäuden begegnen können. Er nennt diese Erscheinungen zwar Geister, hält sie aber nur für »abgesplitterte Teile der Persönlichkeit, besser nur von den letzten Momenten des Lebens. Sie können ihre früheren Erinnerungen nicht wieder erlangen, bis man ihnen aus ihrem Zustand der Psychose herausgeholfen hat«.[85]

Wir können Professor Holzer Glauben schenken. Er macht also einen deutlichen Unterschied zwischen dem menschlich wirkenden gestalthaften Erscheinen von Verstorbenen (im Spuk) und dem maskenhaft wirkenden Auftreten von Geistern (Phantomen, Gespenstern). Er sagt hierzu wörtlich: »Wenn Tote erscheinen, so haben sie die volle Freiheit zu kommen und zu gehen, die Freiheit, sich zu manifestieren, und im allgemeinen auch die volle geistige und emotionale Kraft.« Dafür sind in diesem Buch viele Beispiele gebracht worden. Holzer fügt hinzu, daß Geister, wie die »Weiße Frau« und ähnliche, vielleicht seit Jahrhunderten umhergeisternde Gestalten, einem Menschen auch gar nichts anhaben können, so daß man sich vor ihnen auch nicht ängstigen müsse. Man sollte sie eher bemitleiden; denn solche Masken beweisen doch, daß die dazugehörige seelische Substanz noch keine Ruhe, keine Erlösung gefunden hat. Sie können auch über den gewohnten Umkreis ihres Erscheinungsortes nie hinauskommen oder gar hinaus-

wirken. – Anders ist es bei Verstorbenen, denen – wenn sie erscheinen dürfen – allem Anschein nach keine Grenze gesetzt ist und die dann auch volle Bewegungsfreiheit haben (wie dies z. B. bei den sogenannten »Armen Seelen« auffällt).
Bei dieser Gelegenheit soll auch dem weit verbreiteten Irrtum widersprochen werden, daß Verstorbene oder an bestimmte Lokale gebundene Geister immer nur um Mitternacht erscheinen können. Solche zeitliche Beschränkungen gibt es nicht. Wenn dennoch Wiedergänger-Phänomene bei Nacht öfter als bei Tag festgestellt werden, dann nur deshalb, weil Erscheinungen bei Tag leichter übersehen oder überhört werden, also einfach nicht wahrgenommen werden. Aber seltener sind sie bestimmt bei Tag nicht als bei Nacht.
Auf *einen* Umstand soll in diesem Zusammenhang noch hingewiesen werden: daß nämlich Phantome, wie der »Rote Iwan«, immer im Kostüm ihrer oft weit zurückliegenden Zeit erscheinen. Dies ist für die Identifizierung sehr wichtig und immer auch ein Indiz für die Echtheit der Erscheinung, insbesondere dann, wenn verschiedene Zeugen – ohne voneinander zu wissen – die Erscheinung übereinstimmend in der Zeittracht beschreiben.

20. KAPITEL

Eine Schlußbetrachtung

Wer die bisherigen Darstellungen in diesem Buch, Berichte und Kommentare, genau gelesen hat, wird immer wieder von neuem bestätigt finden, daß der Mensch in der Tat bei seinem Tod nicht ausgelöscht wird und sich die Fortsetzung seines Lebens »drüben« zunächst im Spiegel seines irdischen Daseins abspielt, also auf einer Seinsstufe, die seinem zuletzt erreichten seelisch-geistigen Entwicklungsstand entspricht. Jesu Worte: »In meines Vaters Haus sind viele Wohnungen« darf so verstanden werden, daß alle Menschen im Jenseits ihre Bleibe haben, aber sie ist nicht für alle gleich, denn sicherlich richtet sich diese »Wohnung« je nach dem Grad der sittlich-geistigen Reife der Verstorbenen; das ist wohl damit ausgedrückt, daß es in des Vaters Hause »viele Wohnungen«, man könnte sagen: Wohnungen aller Art, gibt.

Die Kontinuität, d. h. Stetigkeit des Bewußtseins erfährt, wie auch der Seher Emanuel Swedenborg bekräftigt, mit dem Tode keine Unterbrechung. Dies kann sogar dazu führen, daß manch einer, der bereits gestorben ist, die eingetretenen Veränderungen seines Zustands gar nicht wahrhaben will und sogar versucht, sich in den Körper eines lebenden Menschen einzuschleichen, um hier das gewohnte Leben fortzusetzen.

In ihrem reizenden Büchlein »Dienst der Engel« berichtet Joe Snell[86]: »Wie mir Engel erzählten, treten alle Geister (d. h. Verstorbene) nach dem Tode in eine Daseinssphäre ein, die ihrem eigenen Zustande entspricht, und zwar in Übereinstimmung mit einem Gesetz, dem alle Geister unterworfen sind und das man vergleichen kann mit dem physikalischen Gesetz der Schwere. Gemäß dem Leben, das man hier geführt hat, bestimmt sich, wohin man nach Verlassen des Körpers steigt oder fällt. War das Leben hier gut, so geht der Geist zu einer Sphäre, wo er Ruhe und Glückseligkeit sowie Anregung zur Weiterentwicklung findet. Bei dem Gegenteil geht er in eine Sphäre, wo er leidet. Der Geist erntet immer, was er gesät hat. Wie es verschiedene Sphären gibt, die den verschiedenen Bedürfnissen der Weiterentwicklung angepaßt sind, so gibt es auch andere in Anpassung an ihren rückständigen Zustand.«

Dasselbe haben wir bereits an anderer Stelle zum Ausdruck gebracht. Geister, die sich auf Erden wieder melden oder, wie im Spuk, immer wieder melden müssen, entstammen verschiedenen jenseitigen Bleibestätten oder Zuständen, von denen wir uns auf Grund spiritualistischer und mystisch-religiöser Erfahrungen viele in der Nähe unseres Diesseits, also in einer Art Zwischenreich denken müssen.

Daß es daneben immer wieder Erscheinungen aus höheren Sphären und vereinzelt Kontakte mit solchen geläuterten Wesenheiten gibt, mag ausdrücklich erwähnt werden. Begegnungen mit solchen Begnadeten, die sich zeigen und melden dürfen, gehören zu den großen beglückenden Augenblicken von Auserwählten.

Daß sich aus den unteren Bereichen (aus denen es je nach dem Stand der Selbsterkenntnis und der Gnade der dort Weilenden einen fortschreitenden Aufstieg gibt) nicht viel mehr Seelen melden können, als dies im allgemeinen der Fall ist, mag einerseits an einer weisen göttlichen Beschränkung liegen, deren Grund wir im einzelnen nicht kennen, andererseits in dem Bedürfnis der Verstorbenen selbst, sich um einer rascheren Erlösung willen von dem hemmenden Zwang der irdischen Materie zu befreien und sich selbst und mit jenseitiger Geisteshilfe höher zu entwickeln. Sicherlich hängt jede Manifestation eines Verstorbenen unter Lebenden auch von einer passenden empfangsbereiten und empfangsfähigen Partnerschaft auf Erden ab. Wenn ein Verstorbener unter seinen auf Erden zurückgebliebenen Angehörigen oder Freunden und auch sonst niemand weiß oder findet, der die Gabe hat, eine jenseitige Kundgabe – in welcher Form auch immer – zu empfangen und richtig zu deuten, dann vermag er sich auch nicht zu melden und bemerkbar zu machen. So wissen wir ja – und haben darauf auch mehrmals hingewiesen –, daß zum Verkehr mit Abgeschiedenen auf den unteren Stufen, der Erlösungsstufen der sogenannten »Armen Seelen« und anderer Wiedergänger, immer ein irgendwie besonders begabter, sensitiver Mensch berufen ist. Er soll ja den Ruf, die Anmeldung des Abgeschiedenen, nicht nur empfangen, er soll auch helfen können und auch bereit sein, durch Gebete und andere geistliche Werke, nicht zuletzt auch durch Opfer, zu helfen.

Neben einer solchen – meist unfreiwilligen – Mittelsperson zwischen Diesseits und Jenseits mögen andere Menschen zugegen sein und gar nichts von dem hören, was sie hört, und auch nicht imstande sein, die feinstoffliche Erscheinung eines sich Meldenden wahrzunehmen. Dies ist ein Grund mehr, warum so viele Menschen gar nicht glauben können, daß es in der Tat einen direkten Kontakt mit Verstorbenen geben kann, einen Kontakt, der – und dies sei ausdrücklich betont – in Fällen, wie den beschriebenen, niemals vom lebenden Partner gesucht oder irgendwie herbeigeführt wird, sondern von drüben gesucht und gewollt ist und immer eine übersinnliche Begabung des Mittlers voraussetzt.

Es gibt ohne Zweifel Menschen, die vermöge ihrer visionären, medialen Veranlagung zur Mittlerschaft berufen sind. Ihnen dürfen wir ein gewisses Erfahrungswissen von der jenseitigen Welt verdanken. Ihre Mittlerschaft ist nicht ihr Verdienst, sie muß immer wieder verdient und erprobt werden.

Damit haben wir ein Thema angeschnitten, das ob der Vielfalt seiner Erscheinungsformen und Wirkungsmöglichkeiten einer eigenen Betrachtung bedarf.

V. TEIL

Medien und ihre Kontakte mit dem Jenseits

21. KAPITEL

Was ist ein Medium? – Die Anfänge des Spiritismus – Aus Gegnern werden Anhänger – Die mediale Durchsage als Beweis für das Überleben? – Die Kreuzkorrespondenzen

Die Bezeichnung »Medium« gibt es erst seit dem Aufkommen der spiritistischen Bewegung, die, wie bereits erwähnt, mit dem Spukfall von Hydesville, USA, ihren Anfang nahm. Damals entdeckten bekanntlich die beiden Töchter von John Fox, in dessen Haus es zu spektakulären Erscheinungen kam, die Fähigkeit, sich mit dem Spukgeist durch Anrufe in Verbindung zu setzen (vgl. Kap. 19).

Unter Medien versteht und verstand man also Menschen, die außergewöhnliche Erscheinungen hervorbringen oder deren Zustandekommen vermöge ihrer übersinnlichen Begabung erleichtern.

Durch den rasch um sich greifenden Spiritismus, der von Amerika bald auch auf Europa übergriff, wuchs in erstaunlichem Maße auch die Zahl der Medien, natürlich auch vieler, die es in Wirklichkeit gar nicht waren und diese Bezeichnung auch gar nicht verdienten. Es dauerte einige Jahrzehnte, bis sich der Bodensatz gelegt hatte und sich dann unter dem Druck und den Auswirkungen der wissenschaftlichen Erforschung der »okkulten« Phänomene tatsächlich sehr ernstzunehmende mediumistische Begabungen aussonderten. Diese konnten dann auch von Zweiflern nicht mehr übersehen werden. 1882 wurde in London von hervorragenden, international anerkannten Vertretern der Wissenschaft die »Society for Psychical Research« (SPR), »Gesellschaft für Psychische Forschung«, ins Leben gerufen. Sie war die erste parapsychologische Forschungsgemeinschaft, noch ehe (1889) von dem deutschen Psychologen Dr. Max Dessoir die Bezeichnung »Parapsychologie« eingeführt wurde.

Die SPR, die von Anfang an nur seriöse Forscher zu Mitgliedern hatte – ihr 1. Präsident war der Cambridger Professor Henry Sidgwick – wies zunächst, wie nicht anders zu erwarten, den Spiritismus weit von sich, erst recht natürlich die Beschäftigung mit spiritistischen Praktiken, die in wissenschaftlichen Kreisen abgelehnt, in gesellschaftlichen Zirkeln aber fleißig geübt wurden. Allmählich tastete man sich aber doch an das heiße Eisen des Spuks heran und glaubte schließlich, auch an die Entlarvung von Medien gehen zu können. Aber gerade die Medien, mit denen es die Gelehrten Sidgwick, Myers, Crookes u. a. zu tun bekamen, erwiesen sich als seriöse, charakterlich untadelige und paranormal höchst begabte Persönlichkeiten. Die bedeutendste unter ihnen war wohl die nachher viel genannte, ja berühmte Mrs. Piper, die in der Trance sprechen und bei vollem Bewußtsein automatisch schreiben und dabei Botschaften Jenseitiger aufnehmen konnte. Damit hatte sich die Wissenschaft zum erstenmal ernsthaft mit der Medienfrage auseinandergesetzt. Freilich versuchten die Gelehrten unter dem Zwang ihrer beruflich bedingten Skepsis, alle Leistungen der Medien nur auf Telepathie oder Hellsehen zurückzuführen. Auch von Frau Piper nahm man lange an, daß sie ihre Kenntnisse von Verstorbenen eigentlich ihrem telepathisch von Lebenden erworbenen Wissen zu verdanken hatte. Allmählich mußten jedoch auch so überzeugte Realisten wie der Altphilologe Frederic William Myers, der Philosoph James Hyslop, der »Medienentlarver« Hodgon, der Physiker Sir Oliver Lodge u. a. die spiritistische These (die wir lieber als spiritualistisch bezeichnen) für richtig halten und die Glaubwürdigkeit von begabten Medien anerkennen. Natürlich hielten sie aber nach wie vor an ihrer Meinung fest, daß eine mediale Durchsage aus dem Jenseits nur dann Beweiskraft für das persönliche Überleben hat, wenn sie nicht auf Telepathie beruht und nicht auf Kenntnisse des Mediums aus dem eigenen Unbewußten zurückgeführt werden kann.

Und hier setzt nun einer der interessantesten Versuche von Wissenschaftlern ein, die Möglichkeit jenseitiger Kontakte nach dem eigenen Tod zu beweisen. Der erste, der vermutlich den Startschuß dazu gab, war Prof. F. M. Myers aus Cambridge, der 1901 starb. Was sich dann über Jahre im englischen Mediumismus abspielte, gehört zu den merkwürdigsten Experimenten auf spiritualistischem Gebiet. Im Laufe mehrerer Jahre erhielten nämlich paranormal begabte und des medialen, automatischen Schreibens kundige Damen aus England und Amerika, die der Kontrolle der SPR unterstanden oder zumindest mit ihr in Gedankenaustausch verkehrten, auffallende fragmentarische, also nur aus Bruchstücken bestehende Durchsagen, die keinen Zusammenhang ergaben, sich also auch nicht deuten ließen, – bis man schließlich in der SPR darauf kam, daß die in verschiedenen Teilen der Welt empfangenen Bruchstücke ein Ganzes bildeten, wenn man sie richtig zusammensetzte und nach einem Code entschlüsselte. Diese bis dahin merkwürdigsten Botschaften, die man auf die inzwischen verstorbenen Mitglieder der SPR, Myers, Sidgwick, Gurney und Verrall zurückführte, nannte man *Kreuz*korrespondenzen. Sie sollten wahrscheinlich nichts anderes beweisen, als daß deren Urheber im Jenseits tatsächlich weiterlebten und sogar imstande waren, als wissenschaftliches Team Jahre hindurch ins Diesseits herüberzuwirken.Freilich gilt diese Annahme auch heute noch manchen Wissenschaftlern nur als Hypothese, deren Richtigkeit erst »bewiesen« werden müßte.

22. KAPITEL

Die verschiedenen Arten von Medien

Der Spiritismus hält die Aufnahme von Kontakten mit Verstorbenen für möglich und versucht auch, solche herbeizuführen. Die spiritualistisch orientierte Parapsychologie hält sich hingegen von solchen Versuchen zumeist fern, doch bejaht sie die Möglichkeit des Hereinwirkens Jenseitiger in unser Leben und erforscht sie auch. Sie weiß die Tätigkeit echter Medien zu schätzen, die sich in edler Absicht vermöge ihrer Begabung Kontakten mit dem Jenseits nicht verschließen und damit auch zur Erweiterung unserer Kenntnisse von anderen, höheren Bewußtseinsgraden beitragen.
Medien sind nach Herbert Fritsche »mittlerische« Menschen, durch die Jenseitiges, Überweltliches ins Irdische vermittelt werden kann. Die Bezeichnung »medial« für Menschen, die eine gewisse Psi-Begabung haben, also außersinnlich-wahrnehmungsfähig sind, besagt noch nicht, daß die Betreffenden auch Medien im eigentlichen Sinne des Wortes sind und zwischen Diesseits und Jenseits Brücken schlagen.

Nach der Art ihrer Begabung und ihres Wirkens kann man folgende Hauptarten von Medien unterscheiden:
1. *Sprechende Medien*, die gewöhnlich in Trance (einem schlaf-

ähnlichen Zustand) zum Sprachrohr eines durch ihren Mund sich offenbarenden Geistwesens werden. (Es gibt hierfür auch die Bezeichnung »Hellsprechen«.) Hierbei vermittelt das Medium oft Kenntnisse, die es normalerweise nicht besitzt und die oft auch seinen Bildungsgrad übersteigen können. Beim Erwachen aus seinem Schlafzustand kann es sich an das Gesprochene nicht erinnern.

Eines der bedeutendsten Medien dieser Art war *Arthur Ford* (1896–1971), der schon in seiner Kindheit außergewöhnliche mediale Fähigkeiten zeigte. Nach kurzer Tätigkeit als Pfarrer widmete er sich ausschließlich der Erforschung übersinnlicher Phänomene und entwickelte hierbei seine Begabung zum Trancemedium. Im Laufe von Jahrzehnten meldeten sich durch ihn viele Verstorbene wieder. Hierbei kam es wiederholt zu überraschenden Botschaften. Berühmt wurde er durch seine öffentlichen Auftritte im Fernsehen und durch sein Buch »Bericht vom Leben nach dem Tode«[87], das als eines der bedeutsamsten neueren Werke der Psi-Forschung gilt. – Aufsehen erregte er, als er auf Einladung des Kanadischen Fernsehens zusammen mit dem ev. Bischof James A. Pike auftrat und hierbei in einer improvisierten Seance in Kontakt kam mit Jim, dem Sohn des Bischofs, der ein Jahr vorher auf tragische Weise durch Selbstmord aus dem Leben geschieden war und nun seinem Vater durch Ford (in Trance) erschütternde Aufschlüsse über die eigentlichen Hintergründe seines Freitods geben konnte.

2. *Sehende Medien*, die vermöge einer höheren energetischen Spannung ihres Bewußtseins die Fähigkeit haben, Geistwesen zu sehen, die anderen unsichtbar bleiben. Alle in diesem Buch erwähnten Personen, die Verstorbene sehen konnten, sind strenggenommen solche Medien, oder »Seher« wie Swedenborg, ohne daß sie sich dieser Begabung bewußt sein mußten.

3. *Hörende Medien*, die entweder vom Inneren her oder von außen Stimmen aus der Transzendenz empfangen und das Gehörte entweder an andere direkt weitergeben oder sofort niederschreiben.
Ein »Hörender« dieser Art war der aus der Steiermark stammende *Jakob Lorber* († 1864), der im Laufe von 24 Jahren 25 große Bände einer inspirativ empfangenen Welt- und Heilslehre niederschrieb und hierbei auch prophetische Voraussagen machte. Praktisch war er ein hörendes *und* schreibendes Medium.
So außergewöhnlich wie das etwa 10 000 Druckseiten umfassende Gesamtwerk Lorbers ist auch seine Berufung zu dessen Niederschrift. Als Musiklehrer in Graz in sehr bescheidenen Verhältnissen lebend, hatte er sich gerade entschlossen, eine ihm zugedachte Lebensstellung als Dirigent am Theater in Triest anzunehmen, als er »in der Gegend seines Herzens« eine Stimme vernahm, die ihm »hell und klar« befahl: »Nimm deinen Griffel und schreibe!«
Erstaunt folgte er der geheimnisvollen Stimme und erfuhr, daß ihm von nun an die ganze Heilslehre Jesu diktiert werden solle. Die ersten Sätze, die er an jenem 15. März 1840 niederschrieb, lauteten: »So spricht der Herr für jedermann, und das ist wahr und getreu und gewiß: Wer mit Mir reden will, der komme zu Mir, und ich werde ihm die Antwort in sein Herz legen. Jedoch die Reinen nur, deren Herz voll Demut ist, sollen den Ton Meiner Stimme vernehmen. – Und wer Mich aller Welt vorzieht, Mich liebt wie eine zarte Braut ihren Bräutigam, mit dem will ich Arm in Arm wandeln. Er wird Mich allezeit schauen wie ein Bruder den anderen Bruder und wie ich ihn schaute schon von Ewigkeit her, ehe er noch war.«
Alles hat Lorber von da an bis zu seinem Tod i. J. 1864 diesem inneren und – wie er überzeugt war – göttlichen Auftrag geopfert, ist unverehelicht und einsam geblieben, trotz hoher musikalischer Begabung ein ärmliches Leben fristend, dabei aber

von hoher Freude erfüllt darüber, auserkoren zu sein, im Dienste jener »Gnadenstimme« zu stehen, die ihm »heller als jeder noch so laute materielle Ton« Tag für Tag in die Feder diktierte und ihn zu ihrem »Schreibknecht« machte. Über diese 24 Jahre währende Tätigkeit des medialen Schreibens weiß uns Karl Gottfried Ritter von Leitner als Biograph zu berichten, daß Lorber sein »Schreibgeschäft« stets morgens vor dem Frühstück begann. »Dabei führte er, ganz in sich gekehrt, mäßig schnell, aber ohne je eine Pause des Nachdenkens zu machen oder eine Stelle des Geschriebenen zu verbessern, ununterbrochen die Feder wie jemand, dem von einem anderen etwas diktiert wird. Zu wiederholten Malen tat er die Äußerung, er habe während des Vernehmens der ihm einsagenden Stimme auch die bildliche Anschauung des Gehörten.«

Zum besseren Verständnis sei hinzugefügt, daß Lorber nicht als Ekstatiker geschrieben hat und ihm dabei nicht die Hand von einer geistigen Wesenheit geführt wurde, wie dies beim automatischen Schreiben der Fall ist. Er empfing seine Inspirationen von innen, in Form von Geistesimpulsen, nach seinem eigenen Zeugnis »wie ausgesprochene Worte . . . heller als jeder noch so laute materielle Ton«.

Das so entstandene Gesamtwerk wurde später »Neuoffenbarung« genannt. Darin enthalten sind vielerlei Schriften, u. a. das zehnbändige »Große Evangelium Johannes«, in dem u. a. Leben und Lehramt Jesu beschrieben werden, »Die Jugend Jesu«, »Haushaltung Gottes« (Die Urgeschichte der Menschheit) usw. Etwa ein Viertel von Lorbers Schriften ist naturkundlichen Kundgaben gewidmet und enthält Voraussagen von wissenschaftlichen Erkenntnissen und Forschungsergebnissen wie aber auch technischen Erfindungen, die zum Großteil erst in unserem Jahrhundert Wirklichkeit wurden. Seine Werke »Geistige Sonne« (2 Bde.), »Von der Hölle bis zum Himmel« (2 Bde.) geben tiefe Einblicke in die Jenseitswelten.[88]

4. *Schreibende* oder *psychographische* Medien. Hier unterscheidet man wieder zwei Hauptgruppen: a) die automatisch schreibenden Medien, deren Schreibakt von jenseitigen Kräften ausgeht und sich ohne Kontrolle der Schreibenden vollzieht, und b) die intuitiv schreibenden (auch: »hell« schreibenden) Medien, die in raschem Fluß zu Papier bringen, was ihnen in Form von Eingebungen zuströmt (wobei oft zwischen echten Eingebungen aus der Transzendenz und Wissen aus dem eigenen unbewußten Erfahrungsgut des Mediums schwer zu unterscheiden ist). – Zu a) sei erwähnt, daß es automatisch schreibende Medien gegeben hat, die gleichzeitig mit beiden Händen sinnvolle Botschaften niederschreiben konnten.

5. *Pneumatographische Medien*, durch die veranlaßt oder ermöglicht werden kann, daß ohne eigenes Dazutun, z. B. auf einem bereitliegenden Blatt Papier, die Handschrift eines Verstorbenen erscheint. Als Medium dieser seltenen Art erwies sich auch der englische Psychokinet *Matthew Manning*. Eine Wand seines Zimmers wurde in kürzester Zeit über und über mit 503 Signaturen versehen, u. zw. in direkter Schrift, ohne daß man je die Entstehung der altertümlich wirkenden Namenszüge verfolgen konnte. Die Unterschriften konnten nachher als Namen von längst verstorbenen Bürgern des Wohnortes von M. Manning identifiziert werden.

6. *Physikalische Medien*, die imstande sind, sich manifestierende Verstorbene durch einen Prozeß der Verstofflichung (Materialisierung) körperhaft erscheinen zu lassen. Das letzte Medium dieser Art war der i. J. 1965 verstorbene Däne *Einer Nielsen,* der von 1911 bis 1961 die wissenschaftliche Welt durch seine Materialisationen in Erstaunen setzte[89].
Materialisationen von Verstorbenen werden oft als die »Krönung« der medialen Phänomene bezeichnet. Das Medium wirkt

in Tieftrance und verstärkt seine zu Materialisationen befähigten Bildekräfte jeweils durch die ihm zuströmenden medialen Ausstrahlungen der Sitzungsteilnehmer. Die Materialisationen, die das Medium mit Hilfe des aus seinem Körper austretenden Ektoplasma – einer weiß-grauen feinstofflichen Substanz – zustandebringt, sind Verstofflichungen (»Verdinglichungen«) von Geistwesen, die sich kundtun und zeigen wollen. Diese sich bildenden Erscheinungen, auch Phantome genannt, sind völlig menschlich wirkende Gebilde. Sie haben das Aussehen *der* Menschen, die sie darstellen, können sich bewegen wie einst im Leben, können zumeist auch sprechen. – Über die Materialisationsphänomene – speziell die von E. Nielsen – hat es viele wissenschaftliche Diskussionen und natürlich auch solche von Theologen gegeben. Ein überzeugter Verfechter der Echtheit dieser Erscheinungen war der kath. Theologe Prof. Dr. Peter Hohenwarter, der vielen Sitzungen bei E. Nielsen als Zeuge beiwohnte. In einem Vortrag, den er am 24. 4. 1961 in der Kath. Akademie zu Wien vor Theologen hielt, sagte er u. a.: »Gerade in den jüngsten Sitzungen in Kopenhagen (mit Einer Nielsen) ist mir besonders klar geworden, daß die Phantombildung nach ganz bestimmten Gesetzen vor sich geht und daß zwischen den Sitzungsphänomenen und den spontanen Spukerscheinungen kein Wesensunterschied ist. Ich habe . . . in den acht Jahren nicht eine Spur von Dämonie beobachtet.« – »Andererseits kann ich mir auch nicht denken, daß diese Phantome ›Arme Seelen‹ im Sinne der klassischen Theologie sind. *Sollte es nicht doch vielleicht eine geistige Seinsebene geben, wo man diese Gestalten unterbringen kann?*«[90]

Prof Hohenwarter und andere wissenschaftliche Beobachter haben nie ernsthaft bezweifelt, daß die Materialisationen, die E. Nielsen hervorbrachte, einen unverkennbaren Bezug zum Jenseits hatten, also genauso lebenswahr wirkten wie Spukerscheinungen, die als Verstorbene identifiziert werden.

Diese Aufzählung wichtiger Medienarten ist zwangsweise unvollständig.
Segensreich wird der Mediumismus, wenn die Verbindung vom Jenseits ausgeht und sich Geistwesen einer höheren Entwicklungsstufe mit einem Medium verbinden, um irgendeine gute, der Menschheit dienende Tat zu vollbringen, sei es Kranke zu heilen, Botschaften zu übermitteln oder die Entstehung bedeutender künstlerischer Werke zu ermöglichen.
Es hat allein im 19. und unserem Jahrhundert eine Reihe namhafter Medien gegeben. Von diesen sollen im folgenden einige als Beispiele angeführt werden. Auch durch ihre Mittlertätigkeit ist der Beweis des Weiterlebens nach dem biologischen Tod und des ständigen Hereinströmens geistiger Kräfte aus der Transzendenz bestätigt worden. Denn die sich meldenden Wesen, die durch diese Medien wirken konnten, sind ja auch einmal, oft vor langer Zeit, Bürger dieser Welt gewesen.
Die Annahme animistischer Parapsychologen, daß die Leistungen der Medien ausschließlich ein Werk ihres eigenen Unbewußten seien oder auf dem Wissen beruhten, das sie anderen abgezapft hätten, konnte in vielen speziellen Fällen widerlegt werden. Daß es daneben auch Medien gegeben hat, die sich dank ihrer telepathischen Begabung bei ihren Aussagen und »Botschaften« nur auf das Wissen Lebender, nicht auf das Verstorbener stützten, kann nicht verschwiegen werden. Es wird immer Aufgabe der Wissenschaft bleiben, auffallende mediumistische Leistungen, die sich auf Durchgaben aus dem Jenseits berufen, auf ihren Wahrheitsgehalt zu prüfen. In manchen Fällen wird allerdings auch der Forscher vor einer kaum lösbaren Aufgabe stehen.
Daß übrigens sittlich und religiös nicht gefestigte medial veranlagte Menschen in Gefahr sind, von bösen geistigen Kräften mißbraucht und sogar besetzt zu werden, darf hier nicht verschwiegen werden. Diese Tatsache zwingt den Wissenschaftler,

zu äußerster Vorsicht zu mahnen. Nicht alles, was sich dem Menschen aus der geistigen Welt anbietet, ist gut; es kann auch von bösartigen Mächten kommen, die unter dem Schein einer erheuchelten Frömmigkeit den Menschen narren und ihn zu verführen suchen.

23. KAPITEL

Die Geistheilung (GH)

In der Geistheilung, der wir uns jetzt zuwenden wollen, spielt die Mittlerschaft des Heilers eine ausschlaggebende Rolle. Der Heiler, der im geistigen Kontakt mit jenseitigen Intelligenzen und Führungskräften steht, wird zum Zwischenglied der Heilungsbehandlung eines Menschen. Er empfängt Kräfte aus dem Jenseits, die er überträgt. Er ist also in Wahrheit nicht der Heilende selbst, geht doch die Heilung vom geistigen Quell im Jenseits aus, sondern nur ein Vermittler, ein demutsvoller Überträger heilender Bewirkungen.

Harry Edwards und seine Schule

Führend und wegweisend auf dem Gebiet der GH wurde Harry Edwards, der von 1935 bis zu seinem Tod am 8. 12. 1976 einer äußerst segensreichen Tätigkeit nachging und von unzähligen Menschen in aller Welt betrauert wurde, als er, fast 83-jährig, friedlich hinüberschlief, nachdem er noch wenige Stunden vorher kranke Menschen behandelt hatte.

Harry Edwards war ein tiefreligiöser Mensch, ein Mystiker im wahren Sinne des Wortes, der von der Möglichkeit des unmittelbaren Kontaktes geistiger Mächte zum heilbegabten medialen Menschen überzeugt war. Für ihn war das Heilenkönnen im Geiste »ein Geschenk Gottes«, »die geistigste Gabe, die einem Menschen verliehen werden kann«. Ja, er war sogar der Meinung, daß mit der GH, wie er sie verstand, »der göttliche Plan von der Entwicklung der Menschenfamilie zum Geistigen verwirklicht« werden solle. Er betrachtete den Geistheiler als einen Auserwählten, dessen Aufgabe es sein müsse, »seinen ganzen Lebensweg unter die Gebote der wahren Nächstenliebe« zu stellen. Wir verstehen daher auch, daß Geistheiler seiner Schule den Kranken selbstlos und ohne Entgelt zu Diensten stehen.
Abertausende namenloser Kranker aus der ganzen Welt, aber auch viele angesehene Persönlichkeiten der höchsten englischen Kreise, Parlamentarier, Würdenträger der Englischen Staatskirche und Persönlichkeiten des Kgl. Hofes nahmen seine Hilfe in Anspruch. Seine Erfolge waren so überzeugend, ja wunderbar in vielen Fällen der Heilung von sogenannten »unheilbaren« Kranken, daß sich auch Ärzte und Chirurgen für seine Arbeit interessierten und mit ihm in regem Gedankenaustausch standen.
Für unsere Betrachtung von höchster Bedeutung sind nun einige wesentliche Fragen, die nicht nur die ungeheure Wirkung der von H. Edwards vertretenen Praxis der Heilungsbehandlung, sondern auch den medialen Vorgang der Heilung betreffen und daher der Erläuterung bedürfen.
Hierzu gibt uns vor allem das i. J. 1976 erschienene Werk von H. E., »Praxis der Geistheilung« Aufschluß, das alle seine Erfahrungen und Erkenntnisse zusammenfaßt.[91]
H. Edwards betrachtete die GH als eine Geisteswissenschaft, da der Heiler, auch der von Natur aus dazu Begabte, nach

seiner Meinung ohne das nötige Grundwissen unmöglich den Prozeß der Heilung beeinflussen kann. Der Heiler muß vor allen Dingen wissen, aus welchen Quellen die Heilung gespeist wird, wie er an diese Quellen herankommt und was er dazutun muß, daß der Heilungsprozeß in Gang kommt und in Gang gehalten wird.

H. Edwards war der Meinung, daß jede Krankheit die Folge einer Übertretung der göttlichen Gesetze ist, die unserem Dasein zugrundeliegen, und daß die Heilung einzig und allein wieder von Gott ausgeht, also ein Werk und eine Gnade des Schöpfers ist. Die GH hat also die Aufgabe, die Disharmonie, die eine Folge der Mißachtung der göttlichen Gesetze ist, mit Hilfe jenseitiger Kräfte aufzulösen und darüber hinaus die im Kranken schlummernde, aber nicht genutzte göttliche Natur wiederzuerwecken. Der Geistheiler, dem bei diesem Prozeß eine wichtige Aufgabe zufällt, ist dabei gleichsam der Transformator transzendierender geistiger Heilungskräfte, zu denen er dank seiner medialen Begabung und auch seiner Vorbildung Zugang hat. Wörtlich sagt H. E. dazu: »Der sinnvolle Einsatz der Geistheilungskräfte geht von der Jenseitig-geistigen Welt aus.« Der Heiler setzt sich daher vor jeder Behandlung durch Meditation mit den jenseitigen Geistführern in Einstimmung oder Einklang, ermittelt dann gewöhnlich die Krankheitsursache und setzt die ihm vom Jenseits zufließenden Heilkräfte bei seinem Patienten ein. Da diese Kräfte aber aus einer geistigen Welt, d. h. einer nichtmateriellen Dimension stammen, müssen sie durch die mediale Intervention des Heilers dergestalt umgewandelt werden, »daß sie als diesseitige, naturwissenschaftlich faßbare Wirkungen zum Tragen kommen«.

Dies wird uns verständlich, wenn wir in Betracht ziehen, daß unsere Welt durch Naturgesetze, die geistige Welt aber durch geistige Gesetze beherrscht wird. Darum ist es wesentlich, daß sich der Geistheiler als Umformer der geistigen Kräfte versteht.

In der GH nach Harry Edwards gibt es außer der Kontaktbehandlung auch noch die Fernheilung, bei der der Kranke gar nicht zugegen ist. In diesem Fall hat der Heiler »die Aufgabe eines weitergebenden Bindegliedes zwischen den jenseitigen Quellen der Heilungskräfte und dem abwesenden Patienten«.
Aus dieser Beschreibung geht die Rolle des Heilers als Medium hervor. Dies wird noch deutlicher, wenn wir wissen, daß die jenseitigen Intelligenzen nicht nur Heilungskräfte aussenden, sondern dem Heiler auch »hilfreiche Gedankenimpulse und Weisungen« geben. In der Fernheilung werden die erbetenen Impulse direkt an den Patienten weitergeleitet.
Auf die beschriebene Weise können die übermittelten Heilungsenergien organische Leiden lindern oder gar beseitigen, aber auch »stoffliche Umwandlungsprozesse« herbeiführen.

Praktisch sind durch die Mittlerschaft Harry Edwards und anderer Geistheiler die verschiedensten Krankheiten, oft qualvolle Gebrechen, geheilt worden. Erfahrungsgemäß gibt es nach H. E. keine bekannte Krankheit in der Welt, die nicht durch GH geheilt oder zumindest gelindert werden könnte, freilich aber gibt es Kranke, denen man nicht helfen kann und nicht helfen darf. Der oberste Grundsatz der GH, der auf Demut und Vertrauen basiert, lautet: »Herr, Dein Wille geschehe!« Wenn es von göttlicher Sicht aus sein darf, dann ist die Heilung nur noch eine Frage der Zeit . . .
Im letzten Buch Harry Edwards tut sich eine unerschöpfliche Fundgrube heilerischen Wissens und medizinischer Erfahrungen auf. Seine Heilweise, die über seinen Tod hinaus in seinen Schülern weiterwirkt, ist ein eklatanter Beweis für die spirituelle Natur des Menschen, die in den großen geistigen Kreislauf zwischen Diesseits und Jenseits einbezogen ist.

Eine seiner begabtesten Schülerinnen ist Frau Anni Ziemer, die erste in der Bundesrepublik Deutschland praktizierende

Heilerin der Britischen Vereinigung für GH, eine inzwischen auch im benachbarten Ausland bestens bekannte Persönlichkeit. Sie und ihr Gatte, Herbert Ziemer, sind Begründer der Deutschen Vereinigung für GH (Harry-Edwards-Bewegung) in Königswinter/Rh. Anni Ziemer ist heute vielgesucht als Geistheilerin wie als Lehrende. Sie ist für ihre Aufgabe im wahren Sinne des Wortes berufen durch ihre hohe ethische Einstellung und ihre mediale Begabung, die sie zum Aurasehen und zur Jenseitsschau befähigt. Ihr ist die seltene Gabe eigen, jenseitige Geistführer zu sehen und zu hören und ihre Weisungen, speziell in komplizierten Krankheitsfällen, in Anspruch zu nehmen. Mit H. E., ihrem verehrten Lehrer und langjährigen Freund, ist sie schon wenige Tage nach seinem Tod in medialen Kontakt gekommen. Seither ist, wie sie sagt, ihre Verbindung mit ihm nie mehr abgerissen.
Erfolgreich sind ihr und ihres Gatten Versuche, grundsätzliche Anschauungen Harry Edwards über Probleme der GH, nunmehr aus jenseitiger Sicht, im Wege einer direkten Befragung einzuholen. Dies geschieht so, daß Herbert Ziemer gezielte Fragen mit lauter Stimme an H. E. richtet und dieser sodann durch Anni Ziemer als Medium ausführlich antwortet. Die nur von ihr gehörten und nachgesprochenen Durchgaben werden auf Tonband aufgenommen. Im folgenden werden einige Ausschnitte daraus wiedergegeben.
So fragt Herbert Ziemer u. a., ob alle Menschen, die ein tiefes Mitgefühl für Kranke und Schmerzleidende haben und sich sehnlichst wünschen, helfen zu können, auch wirklich, wie H. E. in seinen Büchern sagt, alle Anlagen zum Heilen besitzen.

H. E. antwortet durch A. Z.: »Alle Menschen haben die gleichen Anlagen, nur verstehen sie sie nicht; ihre Fähigkeiten sind verschüttet. Das große Mitleiden ist die Grundlage für die Heilungsfähigkeiten, aber dies nicht allein. Ein angeborener Wille zum Führenlassen ist unbedingt erforderlich. Tiefe Demut und Gehorsam der Führung gegenüber und ein Sich – selbst-nicht-wichtig-nehmen sind die Grundlage (des Heilens).«

H. Z.: »Wir glauben, daß die Quelle allen Heilens von Gott kommt und daher göttlich ist. Können auch Menschen, die diese Auffassung nicht haben, die Atheisten sind, Heiler im Sinne der H.E.-Bewegung werden?«

H. E. durch A. Z.: »Nur Menschen, die gläubig sind, können in diesem Sinne heilen. Leider gibt es auch andere Kräfte im Universum, die sehr mächtig sind und viel Schaden anrichten unter euch. Heilen im Sinne von Helfenwollen, christliche Nächstenliebe, ist göttliche Hilfe. Nur Menschen, die sich in diesem Vertrauen hingeben, können mit diesen Kräften heilen. Andere, die mit anderen Kräften heilen, sind nicht gesegnet.«

H. Z.: »In deinem Buch hast du ausgeführt, daß die meisten Spontanheilungen ... Geistheilungen sind. Hat sich diese Vermutung aus deiner geistigen Sicht bestätigt?«

H. E.: »Alle Heilung kommt von Gott. Wenn es von dieser Seite sein darf, dann tritt spontane Heilung ein, die aber keine Wunderheilung ist, sondern dem göttlichen Gesetz folgt. Wann eine solche Heilung eintritt und ob sie überhaupt sein darf, bestimmt niemals ihr, sondern allein die göttliche Kraft.«

H. Z.: »Wir richten unsere Fürbitte an unsere jenseitigen Helfer, unsere jenseitigen Ärzte. Können diese aus eigener Kraft Hilfe bringen oder nur mit der Hilfe Gottes?«

H. E.: »Auch wir unterstehen dem göttlichen Gesetz, auch wir, eure geistigen Helfer, sind in einer Entwicklung und auch wir handeln nicht aus eigenem Wissen und Können, sondern auch wir werden geführt von noch höher entwickelten Wesen. Wir sind auf einer Zwischenstufe und unsere Aufgabe ist es, der blinden Menschheit den Weg zu zeigen, den sie so schwer findet.«

Aus diesen Durchgaben ergibt sich klar der religiöse Grundgehalt der GH nach Harry Edwards.

Günther E. Schwarz und seine Heilweise

Ein Geistheiler anderer Art ist G. E. Schwarz, genannt John, der sich als »Geistheilungsmittler« zwischen den Kranken und Gott betrachtet. Er heilt die Kranken, die sich brieflich an ihn wenden, ausschließlich aus der Ferne im Wege einer gezielten Belehrung durch seine Schriften. Hierbei führt er sie zur Erkenntnis der Vaterliebe Gottes, in die alle Menschen eingeschlossen sind, und macht in ihnen das geistige Gesetz »Was du denkst, das bist du« zu einem ihr Leben beherrschenden und ihre Genesung anregenden Faktor.
Schwarz geht es im Einzelfall nicht nur um die Krankheit des Menschen, von der ihm berichtet wird und die er im wörtlichen Sinne auch gar nicht »behandelt«, sondern um die Verwandlung des ganzen Menschen, dessen Leiden sich aus einer inneren Disharmonie und damit einer gestörten Gesundheit ergibt. Der Kranke wird daher angeleitet, Gott als Liebes- und Kraftspender anzunehmen und sich gesund zu »denken«, sich als geheilt vorzustellen, auch wenn er im Augenblick noch krank ist und Beschwerden hat. Worauf es also Schwarz ankommt, ist die Umpolung des Denkens im Kranken, vom negativen schmerzbejahenden zum positiven schmerzverneinenden Denken. Der Kranke erkennt, daß er sein Leiden aus der Gegenwart in die Vergangenheit versetzen, d. h. als etwas bereits Überwundenes betrachten muß, damit die Disharmonie seines Körpers, ja seines ganzen Wesens, in Harmonie verwandelt werde. Nur wer die felsenfeste vorstellungswirksame Überzeu-

gung in sich entwickeln kann, daß er – der anscheinend noch leidende – schon gesund ist, erlebt die Genesung – oft sogar plötzlich – durch »geistige Selbstheilung« wie ein »Wunder«, obzwar sie dies gar nicht ist. Denn Schwarz vertritt den Standpunkt, daß die große Zahl der – freilich oft an das Wunderbare grenzenden – Heilungen, die durch den Kontakt mit ihm und seinen Schriften herbeigeführt werden, einzig und allein auf der richtigen Anwendung geistiger Gesetze und nicht auf einem Wunder beruht.

Kranke, die sich an ihn wenden, erhalten ein gedrucktes Blatt mit Verhaltensweisen und dem Text einer sehr wirksamen Heilungsmeditation, die mit den Worten schließt:

Ich danke Dir, Gott, daß ich *gesund* bin!
Ich danke Dir, Gott, daß *alles gut* ist!

Es ist bemerkenswert, daß viele ehedem Kranke bekennen, schon nach Erhalt und Durchlesen dieses Blattes eine spürbare Besserung ihres Leidens, oft sogar eine vollkommene Spontanheilung erlebt zu haben.

In annähernd 60 Fällen wird von spontan Geheilten berichtet, daß ihnen Günther E. Schwarz beim Eintreten der Schmerzfreiheit und Wiederherstellung in ganzer Gestalt am Krankenbett erschienen sei. (Bilokation!)

Alles Wesentliche über die Heilweise von Günther E. Schwarz steht in seinen sieben Lebensbüchern, die, jetzt in einem Band zusammengefaßt, im Verlag der Helfenden in Krün/Obb., erschienen sind. – Eine Dokumentation, die sich auf Dankschreiben von Geheilten stützt, die ausschließlich von schweren, oft als »unheilbar« bezeichneten Krankheiten erlöst wurden, trägt den Titel »Und dann geschah das Wunder« (so benannt nach einem Zitat aus dem Dankschreiben einer Geheilten).

24. KAPITEL

Der Fall Zé Arigó – Dr. med. Adolf Fritz

Ein medizinisches Rätsel stellt der inzwischen verstorbene brasilianische Tranceheiler José Pedro Freitas, genannt Zé Arigó dar, der – wenngleich ursprünglich nur Minenarbeiter und nachher Angestellter bei der Stadtverwaltung von Conconhas de Campo – als Diagnostiker und Psycho- oder Geistchirurg medizinische Leistungen vollbrachte, die allgemein Erstaunen erregten und von vielen Tausenden, die ihn konsultierten und die er auch heilte, als »Wunder« bezeichnet wurden.

Über seine Begabung wie über seine Berufung liegen viele Berichte vor. Auch an ernsten wissenschaftlichen Arbeiten über den »Fall Arigó« fehlt es nicht.[92]

Frühzeitig machte sich bei ihm eine starke mediale Veranlagung bemerkbar. Schon als Schuljunge behauptete er oft, eine Stimme zu hören, die in einer fremden Sprache zu ihm rede. Später sah er in Träumen, die sich jahrelang wiederholten und ihn sehr beunruhigten, einen Arzt mit Krankenschwestern, den er genau so sprechen hörte wie jene Stimme in seinen Träumen.

Arigó litt unter diesen Erscheinungen, denn er kam sich irgendwie verfolgt oder besessen vor, darum vertraute er sich auch Ärzten und Priestern an, ohne daß ihm diese aber helfen konnten, bis er dann eines Tages wieder die Vision des Arztes hatte. Und diesmal eröffnete ihm dieser, er heiße Adolf Fritz, sei deutscher Arzt gewesen und am Ende des 1. Weltkrieges, 1918, gestorben. Er habe sich noch zu Lebzeiten geschworen, den Menschen, auch nach seinem Tod, als Arzt zu helfen, um damit einiges in seinem Leben gutzumachen, und daher habe er ihn – Arigó – als sein Medium auserwählt, damit er in und mit seinem Körper unter den Menschen wirken könne.

Natürlich klingt dies alles wie ein Märchen. Doch dürfte die dann folgende Entwicklung des Heilmediums Zé Arigó auch Zweifler nachdenklich stimmen.

In ganz Brasilien erzählt man sich die Geschichte, wie Arigó seinen ersten operativen Eingriff an dem brasilianischen Senator Lucio Bittencourt, während dieser schlief, in einem Hotelzimmer in Belo Horizonte vornahm und dabei einen Lungentumor entfernte. Weder er noch der Senator selbst konnte sich aber nachher erinnern, was eigentlich geschehen war. Bittencourt wußte bloß, Arigó sei nachts in sein Zimmer gekommen, mit einem Rasiermesser in der Hand, und hätte erklärt, er müßte ihn sofort wegen seines Lungentumors operieren. Er sei aber gleich darauf eingeschlafen. Nach dem Erwachen habe er an seinem Schlafanzug einen Blutflecken bemerkt und am Rücken einen Schnitt festgestellt. Darüber beunruhigt, habe er sich in Rio röntgen lassen ... Und was erfuhr er? Sein Tumor war ihm nach allen Regeln der Kunst herausgeschnitten worden!

Öffentlich trat Arigó zum erstenmal 1956 auf, als er an einer alten Frau in Conconhas de Campo mit einem gewöhnlichen Küchenmesser und den bloßen Händen eine Magenoperation vornahm und dabei ein Krebsgeschwür entfernte. Darauf wurde er im Nu bekannt und sein Heilzentrum, das ihm nachher einige seiner Verehrer einrichteten, wurde zum Mekka für Tausende von Kranken, auch für Wissenschaftler aus dem In- und Ausland, die sich an Ort und Stelle von der Arbeit des Wunderheilers überzeugen wollten. Es kamen auch Ärzte aus den USA, so der New Yorker Neurologe Professor Andrija Puharich, der einmal mit einem ganzen Team amerikanischer Ärzte und anderen Wissenschaftlern eintraf und tagelang Arigó beobachtete, filmte und regelrecht interviewte. Puharich ließ sich von ihm sogar am linken Arm operieren. Er konnte sich über das, was er zu sehen bekam, nicht genug verwundern, und war des Lobes voll.

Arigó erklärte ihm wie jedem, der es wissen wollte, daß er von Medizin absolut nichts verstehe. Er stelle daher auch keine Diagnose. Er könne auch nicht heilen und nicht operieren. Er sei einfach nur ein Instrument des deutschen Arztes Dr. Fritz, den er während der Arbeit auch hören könne. Sonst verkehre er in Gedanken mit ihm.

Bei Heilbehandlungen und vor Operationen machte Arigó oft den Eindruck, als horchte er nach innen, auf eine Stimme, die ihm Weisungen gebe. Arigó erklärte sich völlig abhängig von Dr. Fritz. Bei operativen Eingriffen konnte man oft eine ausgesprochene Transfiguration, eine Ausdrucks- und Wesensveränderung, bei ihm feststellen. Meist soll er sogar mit einem deutlichen deutschen Akzent Portugiesisch gesprochen haben.

Eingriffe nahm er mit einer unvorstellbaren Geschwindigkeit – oft nur in wenigen Sekunden – und mit traumhafter Sicherheit vor, immer aber, wie Ärzte bestätigten, in völliger Ruhe und Gelassenheit. Wir stehen hier vor der unfaßbaren Tatsache, daß ein verstorbener Arzt, zwei Jahrzehnte lang, aus dem Jenseits durch ein Medium medizinisch weiter praktizierte und an vielen tausend Menschen Wunder vollbrachte. – Gelegentlich sollen dem Dr. Fritz nach Angaben Arigós der gleichfalls verstorbene Chirurg und Krebsspezialist Prof. Takahasis und ein Arzt namens Friars Fabiano de Christo assistiert haben.

Arigó war ein frommer Mensch von Kindheit an. Vor und nach seiner Arbeit betete er und auch seine Patienten forderte er zum Gebet auf. Nicht von ihm selbst, sagte er, sondern von Jesus komme die heilende Kraft und ihm allein müsse man danken. In seinem Behandlungsraum hing ein Christusbild und ein Plakat mit der Aufforderung: »Denke an Jesus!«

Die therapeutische Kunst, die durch Arigó wirksam wurde, hatte offenbar keine Grenzen. Unter der Führung des Dr. Fritz konnte er sich traumwandlerisch an jeden noch so komplizierten Fall heranwagen. Er bedurfte dazu keiner Überlegung oder

Sammlung. Er griff einfach zu und wußte immer, was er mit seinen Händen und seinen primitiven Messern oder Scheren machen mußte, und in wenigen Minuten waren stets die schwierigsten Eingriffe getan, ohne daß der Patient das geringste verspürt hatte. Selbst nach Operationen, die unter normalen Umständen eine längere Bettruhe und eine Nachbehandlung erfordert hätten, konnten die Patienten nach Hause gehen. Man muß hierüber Berichte von Ärzten und anderen wissenschaftlichen Augenzeugen gelesen haben, um es überhaupt glauben zu können.

Operationen an Tumoren, die gewöhnlich mindestens eine Stunde und mehr in Anspruch nehmen, soll Arigó in wenigen Minuten erledigt haben. Staroperationen und andere Eingriffe an den Augen, die zu seinen Spezialitäten gehörten, wurden oft in Sekundenschnelle ausgeführt und hatten niemals Infektionen zur Folge, obzwar auch sie nur mit Küchenmessern vorgenommen wurden. Der bekannte brasilianische Chirurg Dr. Ary Lex suchte einmal Arigó auf, um ihn genauestens zu beobachten und »notfalls zu entlarven«. Aber auch er mußte bekennen, »es gab keinerlei Schwindel«. Im übrigen war er als Kenner paranormaler Operationen überzeugt, daß Arigó ein echtes Medium war.[93] Was alle Beobachter der chirurgischen Tätigkeit Arigós vielleicht am meisten bestaunten, war der Umstand, daß seine Patienten bei vollem Bewußtsein operiert wurden und dennoch keinen Schmerz empfanden und daß alle Operationswunden sich nach bloßem Auflegen seiner Hände schlossen und Narben nie zurückblieben.

Die Wissenschaftler, die sich mit Arigós Arbeit näher befaßten und sich ein Urteil über dieses außergewöhnliche Phänomen zu bilden suchten, kann man in zwei Lager teilen: a) in solche, die der Meinung sind, daß A. völlig aus dem Unbewußten handelte und mit Fähigkeiten arbeitete, die wir noch nicht kennen – Nils-Olof Jacobson spricht in seinem Buch »Leben nach dem

Tode?« von »psychosomatischen Mechanismen uns völlig unbekannter Art« – und b) in andere, die überzeugt sind, daß A. mit seiner Behauptung, nur ein Werkzeug jenes Dr. Fritz gewesen zu sein, die Wahrheit gesprochen habe. Auch ich möchte mich auf Grund der vorliegenden wissenschaftlichen Zeugenberichte dieser Auffassung anschließen.

Arigó, der sich beispielloser Popularität nicht nur bei den Armen seines Landes erfreute und schätzungsweise mehreren hunderttausend Menschen – zumeist schwer- und unheilbaren Kranken – Hilfe brachte, u. a. auch der Tochter Marscia des brasilianischen Staatspräsidenten Dr. Kubitschek, kam durch seine Heilertätigkeit, die er, wie man ihm bescheinigte, aus wirklicher Nächstenliebe ausübte und für die er nichts verlangte, mit den Gesetzen des Landes in Konflikt; aber Dr. Kubitschek, der als gläubiger Katholik für die selbstlose Hingabe Arigós volles Verständnis hatte und von seinem Können überzeugt war, begnadigte ihn, so daß er eine bereits ausgesprochene Gefängnisstrafe nicht antreten mußte. Ein zweites Mal wurde er nach dem Ausscheiden seines Protektors aus dem Amt allerdings zu einer Gefängnisstrafe verurteilt, die er dann auch antreten mußte. Doch wurde er im Gefängnis bald wie ein Held gefeiert, so daß die nach dem Gesetz über ihn verhängte »Strafe« praktisch eine Ehrung für ihn wurde.

Arigó starb 1971, erst 49 Jahre alt, an den Folgen eines Autounfalls infolge eines Herzversagens. An seinem Begräbnis sollen über 30 000 Menschen aus allen Teilen Brasiliens teilgenommen haben.

Die Heilertätigkeit Arigós kann mit der der Geistheiler aus der Schule H. Edwards nicht verglichen werden. Aber sowohl A. wie die Geistheiler betonen, nur Medien zu sein. Doch während sich die Geistheiler immer nur auf göttliche Kräfte berufen, die ihnen vermittelt werden, betrachtet sich A. als Medium des durch ihn tätigen Dr. Fritz, allerdings in der Überzeugung, daß die Heilung selbst oder das Gelingen eines Eingriffs ausschließlich Gott oder Jesu, wie er sagt, zu verdanken sei.

25. KAPITEL

Der Fall George Chapman – Dr. med. William Lang[94]

Im Jahr 1937 starb im Alter von 84 Jahren der in England angesehene Augenarzt Dr. William Lang, der sich als Diagnostiker und Chirurg wie als Wissenschaftler einen guten Namen gemacht hatte. Er war auch Mitbegründer der Englischen Ophtalmologischen Gesellschaft. Schon wenige Jahre später meldete er sich auf Erden wieder und zwar aus dem Munde eines gewissen George Chapman, eines damals völlig unbekannten Mannes, der sich vor dem 2. Weltkrieg als Metzgergehilfe sein Brot verdient hatte und nach dem Kriege bei der Feuerwehr beschäftigt war.

Als er einmal hypnotisiert wurde, sprach plötzlich dieser Dr. Lang aus ihm und erklärte, er wolle im Jenseits zusammen mit anderen ehemaligen Ärzten der leidenden Menschheit helfen und sich dabei des George Chapman als Medium bedienen. Er möge sich dazu bereithalten, alles Weitere werde sich ergeben . . .

Chapman war, als man ihm nach dem Erwachen von der geheimnisvollen Meldung aus dem Jenseits berichtete, begreiflicherweise sehr überrascht, denn er hatte von Dr. Lang noch nie gehört und konnte sich auch nicht vorstellen, daß ausgerechnet er – medizinisch völlig ungebildet – jemals kranke Menschen behandeln und gar heilen könnte, ja, er sträubte sich

sogar dagegen, dem geheimnisvollen, ihm unverständlichen »Ruf« zu folgen. Aber das Unwahrscheinliche geschah wirklich. Sobald er in Trance fiel – und dies passierte von nun an immer häufiger und meist sehr rasch –, sprach aus ihm Dr. Lang, und Versuche bewiesen, daß er auch tatsächlich richtige medizinische Diagnosen stellte und ärztliche Ratschläge gab.
Doch auch Chapman sollte – wie Arigó – nur ein Mittler sein, heilen sollte in Wirklichkeit Dr. Lang, der ihn immer nur vorübergehend besetzt hielt, schließlich aber immer länger durch ihn heilte. Und dies geschieht seither in vollendeter Weise, denn Dr. Lang arbeitet in täglichen Sitzungen in Aylesbury in der Grafschaft Buckingham, in der Person des Mr. Chapman und behandelt Patienten, die sich in dessen – inzwischen ausgebauter – Praxis einfinden oder brieflich melden (und dann aus der Ferne geheilt werden).
Chapman hat heute einige Angestellte, deren Hauptaufgabe es ist, die in Körben gesammelte Tagespost zu beantworten. Dr. Lang untersucht, indem er mit den Händen seines Trancemediums Chapman etwa 10–15 cm über dem Körper des Patienten dessen Organe oder besser: die Organentsprechungen im Seelen- oder Geistleib (Astralkörper) und ihre Ausstrahlungen abtastet und daraus seine Schlüsse zieht. Er gibt sodann durch den Mund seines Trancemediums, und zwar mit dessen Stimme, seine Diagnose bekannt und behandelt hierauf nicht den physischen Körper, sondern dessen geistiges Duplikat (Abbild), eben den Geist- oder Seelenleib, der ja, wie wir wissen, mit dem physischen Körper eine Einheit bildet und nach Dr. Langs Ausspruch »ein Beweis für das Überleben des Todes« ist. Gelegentlich soll bei Operationen (im Geistleib!) Basil, der verstorbene Sohn Dr. Langs und ebenfalls ehemaliger Arzt, seinem Vater assistieren.
Interessant ist, daß der einfache Chapman sich durch die Praxis als Medium charakterlich verändert hat und Wesenszüge des

verstorbenen Dr. Lang angenommen haben soll. Im Trancezustand findet eine auffallende Transfiguration Chapmans statt, d. h. Dr. Lang ähnelt vorübergehend das Äußere Chapmans und dessen Gebaren seinem eigenen Wesen an. Chapman verwandelt sich also: Seine Augen beginnen zu leuchten, und es ist spürbar, daß von ihm eine andere, stärkere geistige Strahlung ausgeht, wie ich selbst bestätigen kann. Er ist temperamentvoller und gesprächiger als sonst, selbst seine Ausdrucksweise scheint sich irgendwie zu verändern, und gerade diese Wandlung ist der beste Beweis dafür, daß sich der ehemalige Dr. Lang mit seiner eigenen Wesenheit Chapmans bemächtigt hat, daß er also in ihm weiterlebt und weiterwirkt. Natürlich könnte man dies als Besessenheit im positiven Sinne bezeichnen.

Es ist begreiflich, daß Skeptiker, ähnlich wie im Fall Arigó-Dr. Fritz, die Vorstellung, daß ein seit mehreren Jahrzehnten toter Arzt aus dem Munde eines Menschen sprechen, einwandfreie Diagnosen stellen und mit den Händen des Mediums komplizierte, allerdings unsichtbar bleibende Eingriffe am Geistleib des Patienten durchführen kann, zunächst für undiskutabel halten, weil sie gewöhnlich an das persönliche Überleben des Menschen und noch dazu an die Möglichkeit des Weiterwirkens Verstorbener nicht glauben können und ihnen im übrigen, selbst wenn sie an die Unsterblichkeit glauben, der Gedanke, man könnte einen Geistleib »operieren«, absurd erscheint. Aber die Tatsachen – zahllose als »Wunder« geltende Eingriffe und viele Berichte über tatsächliche Heilungen – sprechen gegen Skepsis und Ablehnung.

Aufsehen erregte es, als der New Yorker Arzt Dr. Rob. W. Laidlaw, Mitglied der American Society of Psychical Research (Am. Gesellschaft f. Psychische Forschung), im Jahr 1969 G. Chapman in England besuchte, um seine Tätigkeit zu beobachten und durch ihn Dr. Lang zu interviewen[95]. Sein aufschlußreicher, in jeder Hinsicht positiver Bericht darüber ist in George Chapmans Buch »Extraordinary Encounter« (»Außergewöhnliche Begegnung«) abgedruckt; interessante Teile daraus sind in dem Aufsatz von Rho Sigma in der Esotera wiedergegeben. Dr. Lang wird u. a. wie folgt zitiert: »Ich unterscheide zwischen dem physischen Körper und dem geistigen Körper, der die Energien enthält, die dem physischen Körper erst das Leben verleihen. Ich bin in der Lage, am geistigen Körper zu operieren.« »Ich selbst entnehme meine Energie dem Medium«, das heißt, um auf der physischen Ebene arbeiten zu können, muß sich Dr. Lang der physischen Kräfte des Mediums bedienen. Über seine jenseitige Tätigkeit als Arzt äußert er sich folgendermaßen: »Ich gehöre zu einem Team von Ärzten, Kollegen, die ich gekannt habe. Das Team wird mit dem Ableben von ehemaligen Freunden und Söhnen größer. Ich bleibe hier in Kontakt bis zu dem Zeitpunkt, wenn mein Medium herüberkommen wird. Später wird dann mein eigener Sohn Basil der ärztliche Helfer von Georges Sohn Michael werden.«

Der Fall des Dr. med. J. G. Hernández

Im Zusammenhang mit den beschriebenen psychurgischen Eingriffen der verstorbenen Ärzte Dr. Fritz und Dr. Lang sei auch auf das bis in die Gegenwart anhaltende Wirken des i. J. 1919 verstorbenen venezolanischen Arztes Dr. José Gregorio Hernández hingewiesen. Der in seiner Heimat ob seiner vielen wunderbaren Heilungen wie ein Heiliger verehrte und vom Erzbischof von Caracas in Rom zur Heiligsprechung vorgeschlagene Arzt soll, wie aus einem Aufsatz von Gertrud Schmidt in der Esotera hervorgeht[96], in vielen Fällen bei schwersten, als unheilbar geltenden organischen Erkrankungen regelrecht Operationen ohne sichtbare chirurgische Instrumente vorgenommen und hierbei eine vollkommene Wieder-

herstellung der betreffenden Patienten erzielt haben. Seit Jahren bringen Zeitungen in Caracas ausführliche Berichte über nachgewiesene Eingriffe sowie Interviews mit Geheilten. Übereinstimmend schildern Patienten, daß sie – gewöhnlich in hoffnungsloser Lage und von den Ärzten aufgegeben – Dr. Hernández angerufen hätten und daß er dann auch in weißem Arztkittel an ihrem Bett erschienen sei, worauf sie in Schlaf gefallen und nachher völlig gesund erwacht seien. In jedem Fall soll dann von Ärzten die vollkommene Heilung der Betreffenden bestätigt worden sein.
Man beachte die völlig andere Art der Behandlung durch Dr. Hernańdez. Er bedient sich keines Mediums, sondern erscheint in materialisierter Gestalt am Krankenbett, heilt und operiert offenbar am physischen, nicht am geistigen Leib des Patienten.

26. KAPITEL

Rosemary Brown empfängt Musik aus dem Jenseits

Ein Phänomen von außerordentlicher Begabung ist Rosemary Brown, eine Londoner Hausfrau, die 1964 plötzlich, ohne besondere Vorbereitung auf diesen Beruf, zum Medium wurde. Damals erschien ihr, mitten in einer seelischen Krise, die sie nach dem Verlust ihres Mannes und ihrer Mutter zu bestehen hatte, der Komponist Franz Liszt († 1886), als sie sich gerade, in Gedanken versunken, ans Klavier gesetzt hatte, unentschlossen, was sie spielen sollte. Eine merkwürdige Macht ging von der visionären Erscheinung auf sie aus, denn plötzlich begann sie von selbst zu spielen, ohne zu wissen, was . . . »Die Musik erklang«, erinnert sie sich später, »ohne daß ich etwas dazu getan hätte, und es war eine Musik, wie ich sie noch nie zuvor gehört hatte.«[97]

Nach dieser eindrucksvollen Begegnung kam Liszt immer wieder zu ihr und begann, mit ihr regelrecht zu arbeiten, ». . . er schlüpfte gleichsam in meine Hände, als seien sie ein Paar Handschuhe. Ohne astrale Hilfe konnte ich damals überhaupt nicht gut Klavier spielen. . . . Aber mit Liszts Hilfe kam eine Musik zustande, die viel mehr war als nur technisch annehmbar.«

Es war also etwas Merkwürdiges über sie gekommen. Sie spielte eine ihr wunderbar erscheinende Musik, obzwar sie selbst gar keine pianistische Schulung hatte, auch sonst völlig außerstande war, zu improvisieren, noch weniger, zu komponieren.

Nach mehreren Begegnungen mit Liszt hörte sie ihn zum erstenmal sprechen. Später sagte sie von seiner Fähigkeit, sich in Worten mitzuteilen, sie sei so stark entwickelt, daß sie ihn, wenn sie mit ihm in Kontakt sei, so leicht verstehen könne »wie einen Menschen aus Fleisch und Blut«. Derart persönliche, durchaus menschlich wirkende Gespräche von und mit Geistwesen sind keine Unmöglichkeit, sie beweisen immer die Fähigkeit des Mediums, sich in seiner Frequenz auf die höheren Schwingungen eines Geistwesens einstellen zu können.

Die ersten Mitteilungen Liszts bezogen sich nur auf Musik im allgemeinen. Er ließ sie seine Musik hören, so als ob sie gewissermaßen mit ihrem Gehirn Tele-Musik empfinge. Dabei erwachte in ihr das intensive Verlangen, die durch ihn empfangenen Musikstücke auch niederzuschreiben, weil es ihr leidtat, »daß andere Menschen sie nicht ebenfalls hören konnten«.

Doch da ergab sich für sie zunächst eine große Schwierigkeit, da sie die innerlich gehörten Töne nicht im Gedächtnis behalten konnte, und überdies, wie sie später schreibt, außerstande war, sie »auf der Klaviatur zu finden«, ganz abgesehen davon, daß sie vom Notenschreiben keine Ahnung hatte.

Aber auch da half ihr Liszt, indem er sie lehrte, sich eine Melodie immer taktweise einzuprägen, bis das ganze Stück fertig war. Dann kam freilich das schwierigste Stück der Arbeit: das Niederschreiben der Melodie, Note für Note. Denn dies ging anfangs nicht ohne Fehler vonstatten. Liszt mußte daher oft noch als Korrektor eingreifen und die fertige Arbeit verbessern, indem er sein Medium auf Fehler hinwies. Das Ganze war also eine Teamarbeit wie unter Menschen. Freilich, wie schwierig dies alles für eine Hausfrau wurde, die des Komponierens nicht kundig war und auch das Klavier nicht beherrschte, kann man nur ermessen, wenn man die präzisen Berichte Rosemary Browns über ihren Umgang mit Liszt und die schrittweise Hinführung durch ihn zu fertigen Musikstücken in seinem Stil verfolgt. Immerhin reifte sie in ungeahnter Weise und meisterte die Schwierigkeiten dank ihrer jenseitigen Führung in verhältnismäßig kurzer Zeit. Ja, sie wuchs in einem Maße über sich hinaus, wie man es früher nicht für möglich gehalten hätte.
Liszt, der ihr erzählt hatte, daß er im Jenseits mit einer Gruppe ehemals bedeutender Komponisten und Musiker zusammenarbeite, brachte sie allmählich auch noch mit diesen zusammen. Und alle erschienen ihr persönlich, eingeführt von Liszt, und diktierten ihr in der gleichen Weise wie dieser neue Kompositionen. Schwierigkeiten der sprachlichen Verständigung, etwa mit deutschen Musikern, wie Bach, Beethoven, Schubert, Brahms u. a., die nicht Englisch konnten, wußte Liszt als glänzender Übersetzer auszuräumen; eine rein geistige, gedankliche Verständigung, wie sie im Jenseits üblich ist, erwies sich als unmöglich, weil R. Brown die komplizierten Diktate der Kompositionen so nicht empfangen konnte. Aber sie hat auf die geschilderte Weise im persönlichen Rapport mit den genialsten Tondichtern der Welt, mit Deutschen, Franzosen, Russen u. a. Hunderte von Werken in deren spezifischen Tonsprache geschrieben.

Inzwischen sind die von Rosemary Brown »empfangenen« Werke unzählige Male von internationalen Fachleuten analysiert worden. Der englische Komponist Richard Rodney Bennet äußerte sich sehr positiv über ihre Arbeiten und gesteht: »Ich hätte einige der Rosemary-Brown-Beethoven-Stücke nicht erfinden können.« Der bekannte englische Musikhistoriker Sir George Trevelyan war einmal Zeuge, wie sie nach dem Diktat des ihr erschienenen Chopin ein Musikstück in dessen Stil am Klavier ausarbeitete und in zwanzig Minuten auswendig lernte. Er erklärte hierzu: »Musiker werden ermessen können, was diese Leistung bedeutet. Mrs. Browns Zusammenarbeit mit Komponisten aus einer anderen Welt, die bei vollem Bewußtsein erfolgt, ist etwas Niedagewesenes, Einmaliges.«
Zu der naheliegenden Frage, warum gerade eine so wenig musikalisch-vorgebildete Hausfrau für ein so außergewöhnliches Mittleramt zwischen Jenseits und Diesseits auserlesen wurde, soll Liszt einmal in einem Gespräch mit R. Brown folgendermaßen Stellung genommen haben: »Wenn du eine wirkliche, umfassende musikalische Ausbildung erhalten hättest, dann würde uns das überhaupt nichts nützen. Eine umfassende Musikausbildung hätte es dir erstens noch schwerer gemacht zu beweisen, daß du unsere Musik nicht selbst komponieren konntest, zweitens hättest du aufgrund eines gründlichen Musikverständnisses eigene Gedanken und Theorien entwickeln können, und dies wäre wiederum sehr hinderlich gewesen.« R. Brown mußte also der Sache dienen, gerade weil sie wenig vorgebildet war und weil durch sie leichter der Beweis erbracht werden konnte, daß nicht sie, sondern Musiker im Jenseits die Kompositionen schrieben. Künstler sind also auch »drüben« Künstler, so wie im vorigen Abschnitt bewiesen werden sollte, daß abgeschiedene Ärzte in der geistigen Welt weiterwirken dürfen. Im übrigen meldete sich zu dem ganzen Fragenkomplex der verstorbene Sir Henry Wood durch das bekannte Sprech-

medium Leslie Flint und ließ Rosemary Brown, die ihn zu Lebzeiten gar nicht gekannt hatte, eine Botschaft übermitteln, in der es u. a. heißt: »Wir kommen nicht nur, um der Welt mit deiner Hilfe Seelenmusik zu schenken, wir möchten auch deine Welt und das Denken der Menschheit verändern, soweit wir es können. Durch die Bemühungen der vielen hier versammelten Seelen sollte es uns gelingen, dem Menschen größere Erkenntnisse und Einsichten in den wahren Sinn des Lebens zu vermitteln.«

Im gleichen Sinne äußerte sich auch der 1940 verstorbene, in England bekannte Musikschriftsteller Sir Donald Tovey, der Rosemary Brown in der Nacht des 1. 1. 1970 erschien und ihr zwei Stunden lang eine wissenschaftliche Stellungnahme zu ihrer Astralmusik diktierte. Der Text ist dann auf der Umschlaghülle der ersten Langspielplatte mit Musik von Rosemary Brown abgedruckt worden.

Der Bischof Mervin von Southwark schließt sein Vorwort zu dem Buch von R. B. mit folgenden Worten: »In einer Zeit, in der der Geist der Menschen vom Materialismus ihrer Umwelt in Schranken gehalten wird und die Kirche Schwierigkeiten hat, an ein höheres Dasein zu erinnern, bedeuten die Erlebnisse der Rosemary Brown für alle Einsichtigen eine Herausforderung und einen Hinweis. Es gibt eine Welt jenseits der unseren, und wir sollten uns vor Augen halten, daß wir unser Leben im Schatten der Ewigkeit leben.« Diesem mutigen Wort eines hohen Kirchenführers ist von unserer Seite nichts Besseres hinzuzufügen.

R. Brown hat ihre Arbeit an medialen Musikaufnahmen im großen Stil fortgesetzt und behauptet, in den letzten Jahren auch mit Nichtmusikern, wie Bertrand Russell, B. G. Shaw, C. G. Jung, Albert Einstein u. a. in Verbindung gekommen zu sein. Ein Ergebnis dieser Kommunikationen ist ihr – leider vorerst nur in englischer Sprache – vorliegendes Buch »Immortals at my Elbow« (»Unsterbliche an meiner Seite«), erschienen bei Bachmann u. Turner, London. Das ihr von G. B. Shaw diktierte Theaterstück »Caesars Revenge« (»Cäsars Rache«) verspricht nach der Meinung von Fachleuten ein Erfolg zu werden.

27. KAPITEL

Der Psychokinet Matthew Manning schreibt und zeichnet unter dem Einfluß einer anderen Dimension

Ein Gegenstück zu dem Musikmedium Rosemary Brown ist der als Psychokinet bekannt gewordene junge Engländer Matthew Manning, der schon seit seinem zwölften Lebensjahr im Mittelpunkt des wissenschaftlichen Interesses steht. Sein Verleger Bander, der vor einigen Jahren Matthews Selbstdarstellung herausgebracht hat[98], sagt von ihm, er habe trotz seiner Jugend bis jetzt »mehr übersinnliche Erscheinungen an sich erfahren, als die meisten Menschen während eines ganzen Lebens zur Kenntnis nehmen, geschweige denn selbst erleben«.

Er war elf Jahre alt, als in seinem Elternhaus ausgesprochene Spukphänomene auftraten, die mit der Zeit auf ihn selbst als die eigentliche – aktive oder passive – Quelle zurückgeführt wurden. Aus dem Kapitel über Spuk weiß man, daß derartige beunruhigende Erscheinungen sehr häufig mit psychokinetischen Fähigkeiten einer Person im Hause, meistens eines Jugendlichen in der Pubertät, in Zusammenhang gebracht werden.

Mochte man anfangs, in der Spukphase der ersten Jahre, noch glauben, die Phänomene ließen sich innerseelisch, als von Matthew selbst ausgehende, unwillentlich zustandekommende psychokinetische Kraftausbrüche erklären, so stießen animistische

Erklärungsversuche dieser Art bald auf Schwierigkeiten, als es in der Umgebung von M. zu intelligent gesteuerten Vorkommnissen kam, die geradezu die Annahme aufdrängten, es könnten sich auch jenseitige Kräfte seiner medialen Fähigkeiten bedienen, ihn gewissermaßen zum Zwischenträger fremdgeistiger Kräfte machen.

Es war am Ende einer zweiten Spukperiode, als Matthew die Beobachtung machte, er würde plötzlich von einer fremden Macht erfaßt, sobald er sich mit einem Schreibstift vor ein Stück Papier setzte. Denn dann wurde er durch äußeren Antrieb gezwungen, überraschende Botschaften automatisch – also ohne eigenes Dazutun – hinzuschreiben. Hierbei meldeten sich mehrmals Menschen, die oft erst kurze Zeit vorher oder auch in den letzten Jahren oder sogar vor Jahrzehnten gestorben waren, wie jener ihm völlig unbekannte Richard Cripps, der folgendes durch seine Feder durchgab: »Ich starb am 21. April 1952 in der Schweiz. Ich bin jetzt ruhelos. Mein Körper liegt in Supperton. Wo ist Frith Hill? Bemühe dich, in der Unsicherheit und Furcht, die heute die Welt durchdringt, ein Teil der Hand zu werden, die Gott ausstreckt, um allen Menschen Frieden und Geduld, Wahrheit und Gerechtigkeit zu bringen. Segne meinen Körper und lasse eine Messe lesen! Jetzt kommt Vater Charles, ich muß gehen. Richard Cripps. (Und dann in Großbuchstaben): RICHARD STAFFORD CRIPPS, 52.«

Matthew hatte den Namen nie gehört. Später stellte sich heraus, daß jener Cripps der frühere englische Arbeitsminister war und am 21. April 1952 tatsächlich in der Schweiz gestorben ist. Er liegt in Sapperton in Gloucestershire begraben.

Eine Reihe von automatischen Durchgaben bekam Matthew von seinem Großvater, der am 26. September 1972 gestorben war. Eine davon ist deshalb interessant, weil der alte Herr beschreibt, wie er vom Leben in den Tod kam. Hierbei werden wir unmittelbar an die Schilderung Klinisch-Toter erinnert.

»Das letzte, woran ich mich erinnere, ist ein starkes Schwindelgefühl. Ich hatte entsetzliche Kopfschmerzen. Ich glaube, ich wollte mich irgendwo festhalten, bekam aber nichts zu fassen, verlor das Gleichgewicht und fiel um. ... Dann kam es mir vor, als wäre ich *über* dem Boden. Ich sah einen Körper auf der Erde liegen, und ein Mann im dunklen Anzug beugte sich darüber. Da wußte ich, daß es mein Körper sein mußte. Ich glaube, ich schwebte darüber, und sah, wie er reglos dalag. Alles war ruhig. Als nächstes sah ich ein silbernes Band, das von meinem Körper zu dem Wesen führte. ... Jetzt kommt noch eine erinnerungslose Periode. Als ich aufblickte, sah ich helles, weißes Licht und Gesichter, die ich kannte, aber seit langem vergessen hatte. Mein neuer Körper stieg sanft in die Höhe. Ich ließ meinen irdischen Körper unten zurück, als ob ich *flöge*.
Ich war völlig entspannt und trieb die ganze Zeit nach oben. Der Boden war nun nicht mehr zu sehen. Nach einer kurzen Reise kam ich hier zur Ruhe, in Frieden, mit Freunden und alten Bekannten. Mehr kann ich in Worten nicht für dich ausdrücken.« (S. 118)
Eine der kuriosesten Phasen in Matthews Leben setzte ein, als innerhalb kurzer Zeit 503 Namenszüge, wie Sgraffitti, eingeritzt an einer weißen Wand im Zimmer von Matthew erschienen. (Vgl. 22. Kap.!)
Das Merkwürdige war, daß all diese Namen Matthew schon einige Zeit vorher von einem gewissen Robert Webbe aus dem 18. Jh., dem Erbauer und ersten Besitzer des von den Mannings erworbenen alten Wohnhauses, angekündigt worden waren. Als Matthew nachher diesen Webbe, mit dem er schon längere Zeit in automatischem Schriftverkehr stand, fragte, was denn das alles zu bedeuten habe, schrieb dieser zurück, er habe seinen Freunden und seiner Familie drüben erlaubt, ihre Namen an die Wand zu schreiben, da es ja seine Wand sei und er das Recht habe, darauf zu schreiben (oder schreiben zu lassen). Der

Mann war also nach mehr als 200 Jahre nach seinem Tod nicht zu überzeugen, daß er nicht mehr lebte und infolgedessen auch kein Anrecht auf sein früheres Haus habe.
Die Namenszüge, die innerhalb weniger Tage, und zwar immer bei Tag, wenn das Zimmer gerade leer war, an der Wand eingeritzt erschienen, trugen Datumsangaben von 1755 bis 1870. Der Schreibvorgang selbst konnte nie beobachtet werden. Was aber hatte Matthew mit diesem merkwürdigen paranormalen Phänomen zu tun? Sicherlich diente er den jenseitigen Schreibern nur als Medium oder als »Katalysator«, wie der »Psychic Researcher« in seiner Ausgabe vom September 1973 meinte, d. h. als Kraftspender, der all die übersinnlichen Phänomene in seiner Umgebung erst ermöglichte.
Wohl das Erstaunlichste in der Entwicklung Matthews als Medium ist seine im Herbst 1971 einsetzende Fähigkeit, automatisch zu zeichnen, vergleichbar seinem automatischen Schreiben. Er konzentriert sich hierbei auf einen verstorbenen Künstler, der auch als Graphiker hervorgetreten ist, und entleert seinen Geist so vollständig wie möglich, »und in diesem Zustand«, sagt er, »denke ich an die Person, mit der ich Kontakt aufnehmen will und sende alle meine Energie zu ihr aus, die dann mit meiner Hand schreibt oder zeichnet«.
Auf diese Weise entstanden bisher Bilder im Stil von Albrecht Dürer, dem elisabethanischen Miniaturisten Isaac Oliver, von Thomas Bewick, Leonardo da Vinci, Paul Klee, Picasso u. a., auch Zeichnungen von anonym gebliebenen Künstlern. Erstaunlich ist hierbei, daß Matthew selbst früher nie ein Talent zum Zeichnen hatte.
Wie entstehen nun all diese erstaunlichen Graphiken durch seine an sich ungeübte Hand und noch dazu mit solcher Vollendung, wie die Reproduktionen in seinem Buch beweisen? Er entwickelt die Zeichnungen immer von der Mitte des Blattes nach den Seiten hin, oft sehr rasch, und läßt schon während der

Hervorbringung des Bildes unverkennbare charakteristische Merkmale der Handschrift des betreffenden Künstlers erkennen, noch ehe man weiß, was das entstehende Bild darstellen soll. Daß die Zeichnungen allein aus seinem Unterbewußtsein entstehen könnten, hält Matthew für ausgeschlossen. Er bringt dafür Beispiele, die zeigen sollen, daß er unter fremder Führung arbeite. So schreibt er u. a. (S. 134): »Unter den Initialen von Albrecht Dürer produzierte ich eine Serie von Porträts, die alle nach den dargestellten Personen benannt sind. Unter diesen Namen sind ›Matthaus Lang von Wellenburg‹, ›Bilibaldi Pirkheymeri‹, ›Hans Tucher‹, ›Lucas van Leyden‹ und ›Ulrich Stark‹. Keiner dieser Namen, mit Ausnahme von Lucas van Leyden ..... war mir bekannt. Aber es bedurfte nur weniger Nachforschungen, um festzustellen, daß Willibald Pirkheimer ein Freund und Gönner Dürers war. Ich bin sicher, daß nicht alle Bilder Originale sind, bei vielen handelt es sich um Versionen oder Reproduktionen von bestehenden Werken des betreffenden Künstlers. Es ist immer noch die Frage, wie diese Bilder durch meine Hand auf das Papier gelangen. Ich habe diese Bilder nie zuvor gesehen und ich bin nicht in der Lage, selbst zu zeichnen.«

Die gleiche Frage haben sich bisher viele gestellt. Die Fachwelt steht jedenfalls vor einem Rätsel. Auf Seite 129 seines fesselnden Buches gibt Matthew selbst der Überzeugung Ausdruck, »daß die Zeichnungen aus einer Quelle außerhalb meiner selbst stammen«.

Dieser Überzeugung können auch wir uns nicht verschließen, zumal wir wissen, daß Matthew ehrlich an sich arbeitet und sich mit erstaunlicher Objektivität beobachtet.

Es ist zu erwarten, daß er die mediumistische Forschung durch Selbstbeobachtung weiter bereichern wird.

28. KAPITEL

Hella Zahrada empfängt Verse und Prosa

Ein Hör- und Schreibmedium von ganz besonderer Art war die Pianistin Hella Zahrada, die von 1933 bis zu ihrem Tod i. J. 1967 Durchgaben aus der geistigen Welt in Vers und Prosa erhalten hat. Nach der Angabe von Frhr. v. d. Horst, der mit ihr in Berlin jahrelang freundschaftlich verkehrte und ihr in der Quartalschrift »Grenzgebiete der Wissenschaft« einen Aufsatz widmete[99], liegen von ihr etwa 370 Gedichte in vollendeter Versform und sehr gehaltvolle Beiträge in Prosa vor.
Prof. Dr. Walther Hinz, Göttingen, veröffentlichte in seinem Buch »Geborgenheit« einen Brief von Frau Zahrada an ihn, in dem sie schildert, wie sie sich zum hellschreibenden Medium entwickelt hat. Daraus geht hervor, daß sie selbst Gedichte nie gelesen hat und zur gebundenen Rede überhaupt kein inneres Verhältnis hatte. Dennoch schrieb sie am 25. Mai 1933 »zunächst entsetzt«, wie sie später bekennt, das erste Gedicht nieder, »und zwar mediumin, mit geführter Hand, mit Buchstaben, die ohne Absetzen, ohne Interpunktion aneinandergereiht wurden«, so daß sie sie nachher erst voneinander trennen mußte. Dieses geführte Schreiben hatte sich schon vorher, wie sie meinte, »in einer richtigen jenseitigen Schulung herausgebildet«. Wenn sie nämlich meditierte, bewegten sich ihre Hände – »wie getragen – in Kurven und Linien, und aus reiner Neugierde nahm ich einmal ein Stück Kohle und Papier und sah interessiert zu, wie die unaufgestützte Hand, blumenähnliche Formen zeichnend, gleichsam über dem Papier schwebte. ... Aus den Blumenformen wurden Buchstaben, später Silben ... dann Worte, dann halbe und später ganze Sätze ...« Auf diese Weise wurde sie zum Schreibmedium. Doch bald begann sie die

Verse, die sie schreiben mußte, zu hören, »wie eine Melodie etwa, die Silben wie dunkle oder helle Töne, und ohne den Sinn der Worte aufzunehmen«.[100]

Frhr. v. d. Horst hat selbst wiederholt Hella Zahrada gefragt, wie sie denn die jenseitige Stimme vernehme, die ihr diktiere. »Es war ihr schwer«, erinnert er sich, »dies auszudrücken. Ich empfand, daß sie sagen wollte, sie höre die Stimme nicht so, wie jemand hört, der in einem Zimmer laut zu einem spricht, es sei vielmehr ein inneres Hören, besser gesagt ein Empfinden von Worten, Sätzen, Versen, oft begleitet von inneren Bildern und Geräuschen. So hatte sie beispielsweise zu dem Gedicht ›Ich fahr' zum Lande ›Unbekannt‹, gleichzeitig mit den Worten den Eindruck von galoppierenden Pferden.«[101] Wie überzeugend das ausgedrückt ist, kann man am besten beim lauten Lesen dieses Gedichtes nachempfinden.

Ich fahr' zum Lande »Unbekannt«,
Vier Rosse hab ich vorgespannt,
Die halten erst am Ziel.
Eins weiß, eins schwarz, eins falb, eins braun,
Ich darf nicht rasten, darf nur schaun
Des Lebens leichtes Spiel.

Ein Häuschen unterm Blütenbaum,
Es bleibt zurück, es war ein Traum,
Ich wär so gerne dort!
Die Hügel auf, die Hügel ab,
In heißem Lauf, in scharfem Trab,
Die Rosse ziehn mich fort.

So jagt mein Wunschgespann dahin,
Was weiß ich, wo ich morgen bin,
Schenk heut mir deinen Kuß!

Hab Dank, lebwohl, ich war dir gut,
Und frag mich nicht, wie weh es tut,
Daß ich schon weiter muß!

Die Rosse rasen querfeldein,
Nun muß das Neue nahe sein,
Ich blick nicht mehr zurück.
Und dennoch, wie mein Herze bangt
Und nach den letzten Blüten langt
Und nach dem letzten Glück!

Die Wolken hängen schwarz und schwer,
Ich sehe kaum die Rosse mehr –
Stoß zu mit Blitz und Schlag!
Das braune blieb, das falbe fiel,
Das schwarze steht. Ich bin am Ziel!
Und rings erglüht der Tag!

Das weiße hemmt nicht seinen Lauf,
Es faltet nur die Flügel auf
Und hebt mich himmelwärts.
Ich schau der Liebe Angesicht
Und stürze, blind vor lauter Licht,
Der Sonne an das Herz!

Die Entstehung der Gedichte ist mit dem oben Gesagten allein nicht erklärt. Da Hella Z. immer versichert, gar nicht dichten und reimen zu können, muß sie die Gedichte fertig bekommen haben, vielleicht in einem ihr gar nicht bewußt werdenden herabgesetzten Bewußtseinszustand. Die Stoffülle der Dichtungen, ihre sprachliche Ausdruckskraft und ihr Stimmungsgehalt sind erstaunlich. In allen nur denkbaren Situationen wurde Hella Z. von der inneren Stimme überrascht und zum Schreiben gezwungen, und das beweist, daß die Gedichte schon fertig auf sie warteten. Frhr. v. d. Horst, der ihr mediales Schaffen jahrelang aus der Nähe beobachten konnte, äußert sich dazu folgendermaßen: »Die Gedichte kamen ohne Rücksicht auf ihre Situation, in der Bahn, auf der Straße, bei Betrachtung eines Schaufensters, bei der Büroarbeit bei Siemens«, wo sie nach dem Tod ihres Mannes 1937 eine Stellung angenommen hatte. Immer mußte sie der inneren Stimme gehorchen, und wenn dies im Augenblick wirklich ausgeschlossen war, konnte sie damit rechnen, daß ihr die Stimme später dasselbe Gedicht wieder diktieren würde. Es waren Gedichte, die für sie bestimmt waren und die sie unter allen Umständen aufnehmen mußte.

Was uns natürlich besonders interessiert, ist die Frage, von wem die Gedichte – und auch die Prosa – stammen, wer ihr all die vollendeten Texte eingegeben hat. Am Schluß einer der ersten Vers-Durchsagen wurde der Name Ephides genannt, also ein griechischer Name. Näheres darüber verdanken wir dem Gatten des Mediums, der im Vorwort zum ersten Band der Ephides-Gedichte mitteilt: »Als die Schreiberin einmal nach Vollendung eines Gedichtes, von solchen Erlebnissen überwältigt, ausrief: ›Wer bist du, wer bist du, großer Geist, der mir solches schenkt!?‹ – schrieb ihre Hand mit großer Schnelligkeit:

Ich bin dir längst bekannt.
Ich bin dir jetzt gesandt
und werde dich im lichten Land erwarten
und deinem Geiste dann verraten,
was unsre Seelen aneinander bindet.
Wenn eine in der andern Frieden findet,
ist meine Aufgabe erfüllt.
Gott grüße dich!
EPHIDES«

Unter dem Namen Ephides sind bisher sechs Bände erschienen, jedoch bis auf den letzten alle vergriffen; der siebente ist in Vorbereitung[102]. Vielleicht läßt das folgende Gedicht etwas von der Wesensart und der Rolle des Dichters im Leben des Mediums erahnen:

Getragen von der Lust der lauten Stunden,
Wie Blätter treiben, die der Wind bewegt,
Und jeder Zugehörigkeit entbunden –
So hat mein sehnend Suchen dich gefunden.

Ans Spiel verloren sahst du mich nicht kommen
Und wußtest nicht, wer dir die Brücke schlägt,
Auf der dein Fuß, noch zögernd und beklommen,
Hinübergeht zum Strand der Kindlich-Frommen.

Die Brücke ist so lang wie Leid und Sehnen
Und scheint bei jedem Schritte sich zu dehnen
Und trägt des himmelhohen Bogens Rund
Hoch übern Strom der ungeweinten Tränen.

Schon dringt mein Ruf zu dir, der Langentbehrten,
Aus blauem Dämmer blühen weiße Gärten . . .
Und mitzufeiern unsern heil'gen Bund
Nahn grüßend dir die künftigen Gefährten.

Hella Zahrada war im Berliner Heim des Ehepaars v. d. Horst ein gerngesehener Gast. Hier saß sie mit ihnen oft im Gespräch zusammen und hier entstanden auch im harmonischen Gleichklang verwandter Seelen viele ihrer Prosa-Durchgaben. Man ließ zuerst ein Stück guter Musik erklingen, etwa Schuberts Unvollendete oder Beethovens Egmont-Ouvertüre. »Noch jetzt«, schreibt R. v. d. Horst aus der Erinnerung, »höre ich die feierlichen letzten Takte als Signal, daß wir nun in eine andere Welt eintreten. Hella saß still in sich versunken da. – Wenn der letzte Ton verklungen war, warteten wir still auf den Eintritt des ›Wunders‹, das wir schon so oft erlebt hatten.« Und immer geschah das »Wunder« wieder: Hella Zahrada begann zu schreiben. Oft waren es 20 bis 30 Seiten, die sie »ohne zu stocken in gleichmäßigem Fluß« hinschrieb. Wenn sie dann fertig war, »legte sie plötzlich den Stift hin und lehnte sich ermattet zurück. Sie fröstelte und mußte zunächst in Ruhe gelassen werden, um sich zu erholen«.

Vorher hatten sie an den Unbekannten Fragen gestellt. Nachher lag die Antwort fertig auf dem Tisch und mußte nur noch entziffert werden. Immer aber »kam mit der Antwort eine umfassende Auskunft, eingeordnet in den großen Zusammenhang, in sich abgeschlossen, kein Wort zuviel, keines zuwenig, jede Abhandlung ein Kunstwerk in Form und Inhalt«.

Auf diese Weise entstanden 80 Prosa-Durchsagen.

Eine davon schließt mit den mahnenden Worten, die auch wir beherzigen wollen:

»Seid . . . ein Haus mit hell erleuchteten Fenstern inmitten der Dunkelheit des Erdenlebens. Es sind so viele Füße unterwegs, und es sind viele Menschen müde und verzagt. Wenn eure Liebe aus euch strahlt wie der warme, weiche Schein des Lichts aus den Fenstern eines einsam gelegenen Häuschens, dann werden viele, die den Weg nicht finden können in der Dunkelheit, zu euch streben und an eurem Fenster sich wärmen und von euch Rast und Weisung für den Weg des kommenden Tages begehren.

Seid Häuser mit erleuchteten Fenstern! Habt das Licht in euch und strahlt es aus, denn es ist Zeit, daß die Welt erhellt wird.«

Konnten sich Rosemary Brown und Matthew Manning zumeist auf bestimmte jenseitige Geber berufen, von denen sie ihre Kompositionen oder Bilder erhielten, so wußte Hella Zahrada bis zuletzt nicht, wem sie ihre Durchgaben zu verdanken hatte. Wer war Ephides? Wer diktierte ihr die Prosatexte? »Woher kam die Stimme?« fragt auch R. v. d. Horst. »Sie kannte uns, aber wir kannten sie nicht. Sie sagte zu uns: ›Meine lieben Kinder‹. Wir sagten: ›Lieber Bruder‹. So ging Frage und Antwort hin und her wie zwischen Kindern und Eltern oder sehr viel reiferen Geschwistern. Sicher ist, daß die Erkenntnise, die uns geschenkt wurden, weit über unsere eigene Denkfähigkeit hinausgingen.«

29. KAPITEL

Dozent Dr. med. Karl Nowotny lehrt aus dem Jenseits

In der letzten Fallgeschichte geht der jenseitige Kontakt von einer Persönlichkeit aus, die zu Lebzeiten ob ihrer angesehenen Stellung in Wissenschaft und Forschung wie nicht minder durch eine erfolgreiche Tätigkeit als Arzt einen bekannten Namen hatte und noch heute in ihrer Vaterstadt Wien unvergessen ist. Dozent Dr. med. Karl Nowotny, 1895 geboren, war Facharzt für Neurologie und Individualpsychologie und leitete lange Jahre eine städtische Nervenheilanstalt in Wien. Er starb am 18. 4. 1965.

Kurze Zeit nach seinem Tod meldete er sich durch ein Medium wieder. Seither benutzt er die Gelegenheit des medialen Kontaktes zu Durchgaben interessanter wissenschaftlicher Erkenntnisse aus seiner Sicht als Geistwesen.

Die Aufnahme des Kontaktes durch ihn mit der irdischen Welt ist ebenso bemerkenswert wie die spätere Zusammenarbeit mit dem Medium Grete.

Frau Grete Schröder hatte viele Jahre ein Büro für Steuerberatung in Wien; Dozent Dr. med. Nowotny war einer ihrer Klienten. Auf diese Weise lernte sie ihn kennen und später auch als Arzt und Vortragenden schätzen. Zwei Tage vor seinem Tod wurde sie durch den unheimlichen Ruf »Nowotny stirbt!« aus dem Schlaf gerissen. Tatsächlich wurde ihr einige Tage später bestätigt, daß die Stimme die Wahrheit vorausgesagt hatte: Nowotny war während eines Spazierganges mit Freunden plötzlich tot zusammengebrochen.

Einige Monate darauf lernte Frau Schröder durch eine Freundin eine in Wien zu Besuch weilende alte Dame aus Budapest kennen, welche die Gabe hatte, jenseitige Durchsagen als Hör-Medium zu empfangen und »in die Hand« zu sprechen, wobei sie das Gehörte mitsprach, so daß es auch von Zeugen gehört werden konnte. Über dieses Medium meldete sich nun Nowotny zum erstenmal mit der Mitteilung, daß er sich »drüben« einzuleben begonnen habe.

Von da an wiederholten sich die Meldungen aus dem Jenseits, so oft Frau Schröder das Medium in Budapest besuchte. Da die Durchsagen aber immer interessanter wurden und Frau Schröder ihre wissenschaftliche Bedeutung erkannte, gleichzeitig jedoch einsah, daß der Kontakt mit Dr. N. über Ungarn nicht vertieft werden konnte, ließ sie ihn fragen, ob es ihm möglich wäre, sie selbst zu seinem Schreibmedium auszubilden. Er bejahte die Frage und damit begann für Grete Sch. eine lange Zeit von Versuchen, die von N. erbetenen Durchsagen schreibend aufzunehmen. Es war eine mühsame Arbeit. Dazu kamen immerfort neue Zweifel, ob das, was sie niederschrieb, auch tatsächlich von N. und nicht von ihr selbst stammte. N . mußte ihr daher immer wieder Beweise seiner Identität geben, aus denen sie ersehen konnte, daß sie sich den Kontakt mit ihm nicht einbildete, sondern daß er wirklich bestand. Heute, nach jahrelanger Erfahrung, sieht sie im medialen Schreiben nichts anderes als eine Übertragung von Gedanken aus dem Jenseits, die sich in schriftlicher Form niederschlägt. Und sie hält die mediale Verbindung nicht für erstaunlich, »wenn man nur annimmt, daß in jedem lebenden Menschen ein geistiges Wesen wohnt, das naturgemäß die Fähigkeit haben muß, mit anderen, außerhalb seiner selbst befindlichen geistigen Kräften Kontakte aufzunehmen«. Allerdings sollen, wie sie einschränkend sagt, »solche Betätigungen medialer Art nur dann gepflegt werden, wenn daraus für das Medium keine wie immer gearteten Störungen oder Belastungen entstehen«.

Im Frühjahr 1967 war Grete Schröder bereits so sicher im Schreiben, daß ihr geistiger Führer beginnen konnte, ihr täglich je eine Stunde lang nach einem vorbereiteten Programm zusammenhängende Texte in Form von Einzelvorträgen zu diktieren. Seither sind vier Bände solcher Durchsagen unter dem Titel »Dozent Dr. med. Karl Nowotny, Mediale Schriften, Mitteilungen eines Arztes aus dem Jenseits«[103] erschienen.

Alles, was Dr. N. darin aussagt, betrachtet er als Brückenschlag zwischen Jenseits und Diesseits, und es wird immer so dargestellt, daß es der irdische Mensch auch von seinem Standpunkt aus verstehen kann. Auf diese Weise entstand ein breitgespanntes Panorama des menschlichen Lebens auf Erden und seiner geistigen Fortsetzung im Jenseits. Die medialen Schriften sind im wesentlichen ein Wegweiser zu einer gesunden Lebensauffassung unter Berücksichtigung der unser Sein bestimmenden geistigen und materiellen Kräfte, aber auch eine Vorbereitung auf das Leben im Jenseits, wenngleich wir Details darüber nicht erfahren. Grete Schröder ist überzeugt, daß die Schriften vielen Lesern wieder Mut zum Leben gegeben haben und sie auch in ihrem religiösen Glauben bestärkten.

Die medialen Schriften im einzelnen zu würdigen, ist im Rahmen einer kurzen Betrachtung nicht möglich. Es soll daher nur auf einige besonders ausführlich dargestellte Themenkreise stichwortartig hingewiesen werden. Erwähnt seien u. a.: die

Wechselbeziehungen zwischen Körper, Seele und Geist, die Macht der Gedanken, das Leben in Harmonie mit Gott und dem Unendlichen, Mediumismus und Spiritismus und ihre Gefahren, der Hinübergang Dr. Nowotnys und dessen Konfrontation mit der neuen Wirklichkeit, seine Aufnahme in den Gelehrtenkreis ehemaliger Ärzte (wobei wir an die Zusammenarbeit verstorbener Komponisten mit Rosemary Brown und an die Teamarbeit jenseitiger Ärzte mit Dr. Lang und Chapman erinnert werden). – Dr. Nowotny kehrt dazwischen gerne zu allgemeinen Menschheitsproblemen zurück, so wenn er über den Gemeinschaftssinn als Grundlage des materiellen und geistigen Fortschritts, über die Gefahren der Vermengung von zivilisierten und unterentwickelten Völkern, über Probleme der Vererbung oder Entartung durch Vererbung spricht oder sich mit der herrschenden Vererbungstheorie als »Hindernis auf dem Weg der Wahrheitsfindung« auseinandersetzt.
Immer wieder wird uns bewußt, daß sich hier ein ehemaliger Arzt, ein Psychiater, zu Wort meldet, allerdings nun von der höheren Warte eines über allen menschlichen Unzulänglichkeiten und Irrtümern stehenden Geistes, der die Dinge heute anders sieht als im irdischen Leben und der es sich leisten kann, auch seinen Kollegen auf der Erde Ratschläge zu geben und menschliche Fehler anzuprangern.
Als besonders wertvoll und wegweisend sei aber hervorgehoben, was er als ehemaliger Neurologe und Psychiater auf Grund seiner jenseitigen Einblicke über die *Besessenheit*, ihre Ursachen und ihre Behandlung zu sagen hat. Seine Beiträge dazu bestätigen unmittelbar auch frühere Erkenntnisse des amerikanischen Neurologen Dr. Wickland, dessen Werk »Thirty Years among the Dead« 1924 herauskam und später von dem deutschen Arzt Dr. Wilhelm Beyer übersetzt und unter dem Titel »Dreißig Jahre unter den Toten«[104] herausgegeben wurde und nicht geringes Aufsehen erregte, freilich ohne

von den Ärzten selbst beachtet zu werden. Wickland spricht nämlich in seinem Werk die Behauptung aus, daß viele sogenannte »Geisteskranke« gar nicht krank, sondern nur seelisch gestört sind, und zwar dadurch gestört, daß sich Geister von Verstorbenen ihrer bemächtigt haben. Es handle sich, wie Wickland sagt, in solchen Fällen nicht um Krankheit, sondern um heilbare Besessenheit.

Nowotny weist in seinen Schriften wiederholt sehr deutlich auf diesen Tatbestand hin, stellt aber auch heraus, daß die Wissenschaft heute noch nicht so weit sei, die Rolle außerirdischer Wesen im Leben einzelner Menschen und die Besessenheit als solche anzuerkennen. Er vertritt jedoch die Meinung, daß dieses heiße Eisen einmal mutig angefaßt und dadurch Klarheit geschaffen werden müsse. Bemerkenswert ist, was er hierzu sagt: »Der Mensch, der von einem fremden Geistwesen in zerstörender Weise besessen ist, zeigt Lebensäußerungen, die dem normalen, gesunden Menschen fremd sind.« »Ich habe auch in meiner Praxis oft erkannt, daß das, was ein Mensch sagt und tut, seinem Wesen und seiner Art nicht entspricht. Ich war aber gezwungen, es als seine Lebensäußerung anzunehmen und ihn manchmal recht hart deshalb zur Rede zu stellen. ... Wie sehr ich oft im Unrecht war, ist mir heute völlig klar, und deshalb will ich versuchen, meine Nachfolger auf diesem Gebiet zu unterweisen, ihnen behilflich zu sein, die wahren Täter zu ermitteln, das heißt festzustellen, daß andere die Übeltäter sind und nicht die in Behandlung stehenden oder der Justiz ausgelieferten Personen.«

Mit diesen letzten Worten bezieht er sich auf »Verbrecher«, die ihre Tat unter dem unwiderstehlichen Einfluß eines sie besetzt haltenden fremden Geistwesens verübt haben, also besessen und daher unschuldig sind, weil ihre sittliche Entscheidungsfreiheit ausgeschaltet war und sie unter fremdgeistigem Einfluß handelten.

Nowotny kündigt im 26. Kapitel des 2. Bandes an, daß ihm von einem »ernsthaften Forscher« ein Fall von Besessenheit zugebracht werden wird, und fügt hinzu: »er wird mit meiner Hilfe eine regelrechte Austreibung vornehmen und darnach feststellen können, daß der Patient geheilt worden ist«. »Damit wird der erste Schritt getan sein.« N. will sich also in Forschung und Praxis einschalten, denn es sei ihm ein leichtes, die Diagnose zu stellen, da er die belastenden Geistwesen sehen könne. Ein Irrtum sei damit ausgeschlossen und der Erfolg »im konkreten Fall unumstößlich sicher«.

Interessante Ergänzungen zu diesen Ausführungen sind nun die Kapitel 21 bis 27 in Band IV, in denen ausschließlich Probleme rund um die Besessenheit behandelt werden. Kernpunkte sind zwei konkrete Fälle von Besessenheit, der eine in einer Münchner Familie, in der eine Person bei wiederholten Empfängen von Tonbandstimmen unter den Einfluß jenseitiger Wesen geriet und dann wochenlang darunter zu leiden hatte, und der »Fall Margit« in Tirol, in dem ein junges Mädchen durch geistige Einwirkungen der verstorbenen Großmutter gestört wurde. In beiden Fällen griff Dr. N., wie aus der Wiedergabe seiner diesbezüglichen Durchsagen ersichtlich ist, mit Ratschlägen an sein Medium ein und beauftragte es, sich ihrerseits unter seiner Führung der Besessenen anzunehmen und so zu ihrer Befreiung von den Jenseitigen beizutragen.

In den letzten Abschnitten des Bandes IV wendet sich N. an die Parapsychologen und vor allem an jene Vertreter dieser Wissenschaft, denen er »Mangel an Mut« und »Engstirnigkeit« vorwirft, indem er ihnen zuruft: »Versperrt euch und der Wissenschaft nicht mehr länger das Tor zur Wahrheit, strengt euch an, geeignete Mittel und Methoden zu entwickeln, die einen guten Kontakt zur geistigen Sphäre erlauben. Verbietet aber auch die dilettantische Befassung mit diesen Problemen durch Menschen, die glauben, nur der Sensation leben zu müssen und

materielle Vorteile daraus schlagen zu dürfen. Verhütet damit die Übergriffe, die leichtfertig begangen werden und mehr Unheil als Heil . . . bereiten«.
Damit sei der letzte Teil dieses Buches, der der Mittlerschaft zwischen Dies- und Jenseits, dem Mediumismus, gewidmet ist, abgeschlossen. Es ist zu erwarten, daß die Wissenschaft sich in nächster Zukunft mehr als bisher mit den Problemen des Mediumismus beschäftigen wird. Alle damit zusammenhängenden Fragen nur so nebenbei abzutun, wird auf die Dauer unmöglich sein. Die Fachleute werden sich dazu aufraffen müssen, hier gezielte, ernstzunehmende Untersuchungen anzustellen. Erfreulicherweise sind es heute gerade Naturwissenschaftler, die eine transzendenz-offene Haltung der Forschung fordern und Vorstöße in die Bereiche der Transzendenz wagen.

30. KAPITEL

Schlußbetrachtung

Aus der Fülle des immensen Stoffes für die Beweise der Geistnatur des Menschen, der Existenz einer geistigen Welt und des nachtodlichen Lebens in deren unermeßlichen Dimensionen konnten leider nur bescheidene Proben gebracht werden. An eine erschöpfende Darstellung war von vorneherein im Rahmen dieses Buches nicht zu denken.
Es war mir klar, daß es keine wissenschaftliche Dokumentation werden sollte und nur Teilaspekte behandelt werden konnten. Das Buch sollte eine Art Leitfaden werden, natürlich nicht für Fachleute der Parapsychologie, wohl aber für all jene Menschen, die sich ihrer eigentlichen Bestimmung und ihres Auftra-

ges als nach Vollendung Suchende bewußt werden wollen, die den inneren Drang haben, aus der beklemmenden Enge und Öde des Materialismus unserer Tage auszubrechen und einen Ausweg ins Licht der Wahrheit und eine Antwort auf die Frage zu suchen, was dann sein wird, wenn sie sterben müssen.
Das Buch möge vielen ein Trostbuch werden, aus dem sie erfahren, daß der Tod kein Ende ist und wir im Vollbewußtsein unserer Persönlichkeit weiterleben. Es könnte von vielen aber auch als Mahnung verstanden werden, das Leben auf Erden noch mehr, als sie dies taten oder vermochten, mit vollen Kräften zu nützen, und zwar im positiven Sinne zur Bereicherung und Vertiefung ihres inneren Wesens. Denn nach der Lektüre des Buches werden sie wissen, daß das Jenseits als Ort der Vollendung schon hier auf Erden verdient werden muß, verdient und erworben durch gezielte Arbeit für andere und an sich selbst, durch unentwegtes Streben nach Wahrhaftigkeit, durch Opferbereitschaft, Liebe und Gebet.
Natürlich durften auch Berichte über den Läuterungsprozeß oder den Spuk in der Gesamtdarstellung nicht fehlen, denn auch die »Armen Seelen«, ja, gerade sie, die noch der geistigen Hilfe und der Gnade Gottes bedürfen, wie auch spukhafte Erscheinungen von Wiedergängern oder verwirrte Geistwesen Verstorbener, die sich wieder zu verkörpern versuchen, gehören zum Kosmos der Unsterblichkeit. Auch sie beweisen, daß sie nicht tot sind, sondern weiterexistieren, freilich unter Voraussetzungen, die sie sich selbst geschaffen haben.
Das Buch möchte es dem Leser gerade durch die Fülle des dargebotenen Stoffes leichter machen, sich davon zu überzeugen, daß der biologische Tod nicht das Letzte ist. Und selbst wenn der Leser unter dem Eindruck des Buches bloß versuchte, sich auf sich selbst zu besinnen und darüber nachzudenken, ob sein Leben wirklich so erfüllt ist, daß es ernsteren Maßstäben entspricht, oder wo und wie er ansetzen müßte, um es zu einem

höheren Grad der Verwirklichung reifen zu lassen, dann wäre es nicht umsonst geschrieben und hätte seinen Zweck erfüllt; nämlich zu zeigen oder verständlich zu machen, daß wir unsterblich sind und gerade darum die Aufgabe haben, uns immer wieder darauf einzustellen und dazu vorzubereiten, jeder einzelne nach den ihm verliehenen Kräften und an dem Platz, wohin ihn Gott gestellt hat . . .
Dieses Buch hat den Titel: »Wir werden leben, auch wenn wir sterben«. Anders heißt es im Psalm 118,17: »Ich werde nicht sterben, sondern leben, um die Taten des Herrn zu verkünden«. Wenn wir doch alle verstünden, zu welchem Ziel unser Leben hinführen soll!

Dr. Ernst Häckel

Abkürzungen

PPs = Parapsychologie
ASW = Außersinnliche Wahrnehmung
NW = Neue Wissenschaft, Zeitschrift f. kritischen Okkultismus
G+E = Glaube und Erkenntnis, Zeitschrift für christliche PPs
GW = Grenzgebiete der Wissenschaft, Quartalschrift für den Grenzbereich von Physis, Bios, Psyche und Geist, Innsbruck
Z. f. P. = Zeitschrift f. PPs
a. a. O. = am angegebenen Ort (Hinweis auf ein früheres Zitat)

Anmerkungen und Quellenhinweise

1 Emil Mattiesen, »Das persönliche Überleben des Todes«, 3 Bde, Verlag de Gruyter, Berlin, 1936, ist jetzt wieder erschienen.
2 J. B. Rhine, Prof. d. PPs. a. d. Universität in Durham, USA, in dem Beitrag »Um den sechsten Sinn« in G+E 1951, Nr. 4, S. 7
3 Die Bezeichnung »Parapsychologie« wurde 1889 für den Begriff »Okkultismus« eingeführt.
4 Theo Locher/Guido Lauper, »Schweizer Spuk und Psychokinese«, Aurum V., Freiburg, 1977, S. 146
5 Dr. Dr. A. Resch ist Professor a. d. Academia Alphonsiana der Päpstl. Lateranuniversität in Rom und Generalsekretär von IMAGO MUNDI
6 Im Vorwort zu Carl du Prel, »Das Rätsel des Menschen«, Hermann Glock-Verlag, Wiesbaden, 1950, neu: 1970
7 Carl Welkisch, »Der Mensch zwischen Geist und Welt«, Otto Reichl Verlag, Remagen, 1976, S. 21 ff.
8 Dr. med. Karl Nowotny, »Mediale Schriften«, empfangen von Grete Schröder, Otto Reichl V., Remagen, I./II. Bd., S. 19 ff.
9 Prof. Hans Driesch, »Die Wissenschaft von den okkulten Erscheinungen«, Rascher V., Zürich, 1952
10 Hermann Oberth, »Parapsychologie, Schlüssel zur Welt von morgen«, Verlag G. E. Schroeder, Kleinörl, 1976
11 Gerda Walther, »Die Phänomenologie der Mystik«, Walter V., Olten und Freiburg, 3. Aufl., 1976

12 Vgl. Ullman/Krippner/Vaughan, »Traumtelepathie«, Aurum V., Freiburg, 1977

13 Frei nach Werner Keller, »Was gestern noch als Wunder galt«, Droemer-Knaur, Zürich, 1. Aufl. 1973, S. 285

14 Johannes Steiner, »Therese Neumann, ein Lebensbild«, Schnell und Steiner V., München, 1974 (7. Aufl.)

15 J. B. Rhine, »Die Reichweite des menschlichen Geistes«, Deutsche Verlagsanst., Stuttgart, 1950, S. 47

16 Eine von Prof. W. H. C. Tenhaeff eingeführte Bezeichnung für eine Person mit stark ausgeprägten ASW-Fähigkeiten

17 Dr. Rud. Tischner, »Ergebnisse okkulter Forschung«, Dt. Verlagsanst., Stuttgart, 1950

18 Hans Holzer, »Fenster zur Vergangenheit«, Verl. Ramòn F. Keller, 1969, S. 9

19 Gekürzt aus E. Hellberg, »Okkulte Kräfte«, Baumgartner-V., S. 21 f.

20 gr. nekros = tot, skopein = schauen. Nekroskopisten = Medien, die Lebende bereits tot sehen oder ihren Tod »spüren« (»riechen«)

21 Nacherzählt dem Bericht »Das Todesdatum« in der Sammlung »Geisterseher«, hsg. von L. Rosenberger bei Ernst Heimeran, München

21a Wilhelm Horkel, »Träume sind keine Schäume«, Moritz Schauenburg Verl., Lahr/Schwarzwald, 1974, S. 62 (gekürzt)

22 Vgl. hierzu: Ant. Neuhäusler, »Telepathie, Hellsehen, Präkognition«, Dalp TB Nr. 327, S. 106 f.

23 Gekürzt nach: Karl Appel, »Der Traum – ein Leben«, in G+E 1951, Nr. 6, S. 2 f.

24 Nils–Olof Jacobson, »Leben nach dem Tode«, Edition Sven Erik Bergh i. d. Europabuch AG, Gubelstr. 19, Ch-6300 Zug, S. 123

25 Aus: W. H. C. Tenhaeff (Prof. für PPs a. d. Reichsuniversität Utrecht) »Kontakte mit dem Jenseits?« Verlag Universitas, Berlin, S. 236

26 Aus: Sylvan J. Muldoon, »Die Aussendung des Astralkörpers«, H. Bauer V., Freiburg, 1964, S. 37 f.

27 Johannes Steiner, a. a. O., S. 202

28 Johannes Steiner, ebenda S. 203

29 Lucie Schnepp, »Pater Pio«, Verlag Siegfried Hacker, Gröbenzell, 1973, S. 38

30 Aus: Enno Nielsen, »Das große Geheimnis«, Langewiesche, 1923, S. 113 (Frei nacherzählt.)

31 Wie 2

32 Matthew Manning, »Der Psychokinet«, Verl. Herm. Bauer, Freiburg, S. 41 f.
33 Ullman/Krippner/Vaughan, a. a. O., S. 234
34 J. Chr. Hampe, »Sterben ist doch ganz anders«, Kreuz-Verlag, Stuttgart, 1975, S. 26 u. S. 16
35 Elis. Kübler–Ross, »Interviews mit Sterbenden«, Gütersloher Verlagshaus Gerd Mohn. Ferner »Reif zum Tode« u. »Was können wir noch tun?«, Kreuz-V., Stuttgart
36 Werner F. Bonin, »Beobachtungen an Sterbebetten«, in NW 1962/63, Nr. 1, S. 35 ff.
37 Zitate aus der Buchbesprechung in GW 1978, Nr. 1, S. 348
38 Joe Snell, »Der Dienst der Engel diesseits und jenseits«, Erlebnisse einer Krankenschwester an Kranken- u. Sterbebetten, Turm-Verlag, Bietigheim
39 Joe Snell, ebenda S. 19
40 Gekürzt nach Otto Wilh. Roesermüller, »Um die Todesstunde«, Turm-Verlag, Bietigheim, S. 13
41 Aniela Jaffé, »Geistererscheinungen und Vorzeichen«, Rascher-Verlag, Zürich, 1958, S. 68
42 O. W. Roesermüller, vgl. 40, S. 30 f.
43 Jean Baptiste Delacour, »Aus dem Jenseits zurück«, Econ V., Düsseldorf u. Wien, S. 78 ff. (Sehr gekürzt.)
44 Dr. med. Raymond Moody jun., »Das Leben nach dem Tod«, Rowohlt Verlag, Reinbek, 1977. – Außerdem: Dr. med. Raymond Moody, »Gedanken über das Leben nach dem Tod«, Rowohlt Verlag, 1978.
45 Vgl. das 6. Kapitel!
46 Von Stefan v. Jankovich sind zwei Aufsätze mit dem Titel »Mein schönstes Erlebnis war mein Tod« in der ESOTERA, 1973/1 u. 2 erschienen. Alle Zitate sind aus dem 1. Aufs.
47 C. Welkisch, »Im Geistfeuer Gottes«, Otto Reichl Verlag, Remagen, 1952, S. 113
48 Joh. Chr. Hampe, »Sterben ist doch ganz anders«, Kreuz-Verlag, Stuttgart–Berlin, 1975, S. 124 f.
49 Vgl. Alois Winkelhofer OB, »Ziel und Vollendung der letzten Dinge«, Buchverlag Ettal, 1951, S. 38
50 Johannes Hemleben, »Jenseits. – Ideen der Menschheit über das Leben nach dem Tode«, Rowohlt Verlag, Reinbek, 1975

51 Hans Holzer, »Psi-Kräfte, Beweise für das Unglaubliche«, Heyne-Bücherei Nr. 7011, S. 59
52 Ebenda, S. 58
53 Stewart E. White, »Das uneingeschränkte Weltall«, Origo-Verl., Zürich, S. 24
54 NW 1950/51, Nr. 10, S. 31
55 NW 1957, Nr. 13, S. 4–13
56 W. H. C. Tenhaeff, a. a. O., S. 114 f.
57 Vgl. W. H. C. Tenhaeff, a. a. O., S. 246; Guido Huber, »Das Fortleben nach dem Tode«, hrg. v. Peter Ringger, Origo-Verl., 1957, S. 59 f.
58 J. B. Lamoyne, »Der ehrwürdige Diener Gottes Don Johannes Bosco, Gründer der Salesianer«, München, 1927, I. Bd.
59 Arbogast Reiterer, »Brücke zum Jenseits«, Styria Graz, 1938, S. 183
60 Hans Holzer, a. a. O., S. 58 f.
61 Der Originalbericht erschien 1948 im Kath. Digest, Nr. 5. Die vorliegende Fassung entstammt (mit Kürzungen) dem Buch »Abschied ohne Wiederkehr?« v. Rud. Passian, G. E. Schroeder-Verlag, Kleinörl, 1977, S. 72 ff.
62 Mit Kürzungen nach einem Bericht v. C. E. Downy i. d. Zeitschr. »Bunte«, Jg. 1977, Nr. 32
63 Aus: »Parapsychologie und Sinnfrage des Lebens«, Vortrag von Pfr. E. Rudolph auf dem 16. Dt. Ev. Kirchentag, Frankfurt 1975
63aDDr. Jos. Wittig, »Novemberlicht«, Thomas-Verlag, Kempen, 1948
64 Aniela Jaffé, a. a. O., S. 171 f.
65 Ebenda, S. 173
66 Ebenda, S. 174
67 C. Welkisch, »Im Geistfeuer Gottes«, S. Anm. 47, S. 108 f.
68 »Aus dem Jenseits zurück«, aus: G+E 1952, Nr. 7, S. 16
69 Aus: Alfons Rosenberg, »J. Fr. Oberlin, Die Bleibstätten der Toten«, Turm-Verlag, Bietigheim, S. 131
70 Ebenda, S. 149 f.
71 Vgl. Alois Winkelhofer OB, »Ziel und Vollendung der letzten Dinge«, Buchverlag Ettal, 1951
72 Justinus Kerner, »Die Seherin von Prevorst«, Cotta 1846
73 Bruno Grabinski, »Zwischen Himmel und Hölle«, Tagebuchaufzeichnungen über Armeseelen-Erscheinungen. Markus-Verlag, Eupen/Belgien, 1956 (2. Aufl.)
74 Erschienen im Paul Pattloch-Verlag, Aschaffenburg; viele Auflagen

75 Carl Welkisch, wie 7, S. 51

76 Über den Rosenheimer Spuk sind 1968/69 verschiedene wissenschaftliche Aufsätze erschienen, u. a. in Z. f. P. und GW. Vgl. auch Prof. Dr. H. Bender, »Unser sechster Sinn«, a. a. O., S. 123 ff.

77 Theo Locher/Guido Lauper, a. a. O. (Anm. 4!), S. 40 ff. (Gekürzte Wiedergabe mit Zitaten).

78 Quellen hierzu: O. W. Roesermüller, »Gibt es ein Leben nach dem Tode?« Turm-Verlag, Bietigheim, S. 46; Herbert Thurston S. J., »Poltergeister«, Verlag Räber + Cie, Luzern, 1955, S. 77 ff.

79 Die Geschichte der Familie Fox ist oft beschrieben worden. Vgl. u. a. W. H. C. Tenhaeff, a. a. O., S. 22, Erwin Keller, a. a. O., S. 89 ff.

80 Vgl. hierzu Guido Huber, a. a. O., S. 104

81 Verlag Siegfried Hacker, Gröbenzell, 1974, S. 53 f.

82 F. Moser, »Spuk – Irrglaube oder Wahrglaube«, Gyr-Verlag, Baden bei Zürich, 1950, S. 253 ff.

83 Wie 77, S. 87 ff.

84 Bruno Grabinski, »Was wissen wir vom Jenseits?« Gibt es ein Weiterleben nach dem Tode? Verlag Siegfried Hacker, Gröbenzell, 2. Aufl.

85 H. Holzer, a. a. O., S. 64 f.

86 Joe Snell, a. a. O., S. 65

87 Erschienen im Scherz Verlag, 1972

88 Das Gesamtwerk J. Lorbers wird vom Lorber-Verlag, Bietigheim, verwaltet und ausgewertet. Hier sind auch die grundlegenden Werke, wie »Die Grundfragen des Lebens in der Schau des Offenbarungswerkes von J. Lorber« v. Dr. Walter Lutz und »Der Prophet J. Lorber verkündet bevorstehende Katastrophen und das wahre Christentum« von Kurt Eggenstein erschienen.

89 Bestes Werk über das Medium Einer Nielsen von Dr. Hans Gerloff, »Materialisation, Die Phantome von Kopenhagen«, in Kommission bei: Dr. Gerlach'sche Verlagsbuchhandlung, München

90 Peter Hohenwarter, Prof. Dr. theol., »Die Phantome von Kopenhagen«, in G+E, 1961, Nr. 3, S. 13

91 Harry Edwards, »Praxis der Geistheilung«, Erkenntnisse und Erfahrungen aus 40 Jahren. Mit einem Geleit von Herbert Ziemer. Verlag Herm. Bauer, Freiburg, 1976. Sämtliche Zitate aus diesem Werk.

92 Quellen hierzu: u. a. Rudolf Passian, »Abenteuer Psi«, Verlag G. E. Schroeder, Kleinörl, 1978, S. 23 ff. – Alfred Stelter, »Psi-Heilung«, Scherz Verlag, 1973, S. 133 ff.

93 Vgl. hierzu: Georg Playfair, »Phantastische Psi-Phänomene«, Verlag Herm. Bauer, Freiburg, 1976, S. 164 ff.

94 Vgl. hierzu Dreecken/Schneider, »Signale aus dem Jenseits«, Südwest München, S. 84 ff.

95 Rho Sigma, »Das zweite Leben des Dr. Lang« in Esotera, 1976, Nr. 1, S. 19 ff.

96 Gertrud Schmidt, Caracas, »Operationen durch einen verstorbenen Arzt«, Esotera, 1973, Nr. 3, S. 224 ff.

97 Sämtliche Zitate aus: Rosemary Brown, »Musik aus dem Jenseits«, Paul Zsolnay Verlag, GmbH., Wien, Hamburg, 1971

98 Sämtliche Zitate aus: Matthew Manning, »Der Psychokinet«. Unter dem Einfluß einer anderen Dimension. Verlag Hermann Bauer, Freiburg

99 »Stimme der Stille« in GW 1977, Nr. 3, S. 145 ff.

100 Zitate aus: Walther Hinz, »Geborgenheit«, Verlag Arthur Brunner, Zürich, 1972, S. 38 ff.

101 Von da an alle Zitate und Gedichte aus GW, 1977, Nr. 3

102 Bd. VII der Ephides-Gedichte ist in Vorbereitung bei: Turm-Verlag, Bietigheim. – Bd. VI erschien beim Verlag Geistige Loge, Zürich.

103 Otto Reichl Verlag, Remagen

104 Wie 103.

Hinweis:
In der BR Deutschland gibt es die »Deutsche Gesellschaft für Parapsychologie« (DGP), Sitz Hamburg, und deren Quartalschrift »Allgemeine Zeitschrift für Parapsychologie« (AZP), Redaktion: 2 Hamburg, Flemingstr. 4.

Dr. Aglaja Heintschel-Heinegg

ZEUGEN FÜR DAS JENSEITS

Die Frage, ob der Mensch seinen persönlichen Tod überleben wird, gilt mit Recht als Kardinalfrage der Menschheit. *Wie* dieses Leben nach dem Hinübertritt in die jenseitige Wirklichkeit aussehen wird, ist dagegen für die meisten noch unvorstellbar. Doch gab es zu jeder Zeit Begnadete, die mit einer Offenbarung über die jenseitig-geistige Welt beschenkt worden sind. Über die Jenseitsschau solcher »Zeugen des Jenseits« wird in diesem Buch berichtet, wobei sich zeigt, daß sich die einzelnen Berichte dieser Jenseitskundigen in überraschender Weise und oft bis ins Detail einander nähern. (258 Seiten)

Alfons Rosenberg

DIE SEELENREISE

Wiedergeburt, Seelenwanderung oder Aufstieg durch die Sphären?

»Das Werk von Alfons Rosenberg bietet einen hochinteressanten Durchblick durch die Geschichte der Seele nach dem Tode . . . in der Darbietung der von der christlichen Antike über Dante, Swedenborg, A. K. Emmerich bis zu Goethe reichenden Schauungen der jenseitigen Seelenzustände. . . . Das Werk bedeutet ein Geschenk für alle, welche von der Frage nach dem Schicksal des Menschen jenseits des Todes bewegt sind.« (Prof. Dr. Michael Schmaus, München) (238 Seiten)

Arthur Schult

VOM ÜBERSINNLICHEN WESEN DES MENSCHEN

Nach einseitig rationalistischer Anschauung ist der Mensch ausschließlich als körperliches Wesen mit psychischen Funktionen anzusehen. Diese Betrachtungsweise führt zwangsläufig zur Leugnung eines Fortlebens nach dem Tod. Nur eine wahre Menschenkunde, die den Menschen als eine Dreieinheit, bestehend aus Körper Seele und Geist, begreift, bietet die Grundlage für das Verständnis der existentiellen Verwurzelung des Menschen sowohl in der irdischen Wirklichkeit wie in den dieser übergeordneten Dimensionen einer jenseitig-geistigen Wirklichkeit. (128 Seiten)

Alfons Rosenberg

J. FR. OBERLIN

Die Bleibstätten der Toten

Pfarrer Johann Friedrich Oberlin, einer der originellsten Christen seiner Zeit, lehrte eine biblisch gegründete Jenseitskunde, die er in seiner einzigartigen Jenseitskarte »Bleibstätten der Verstorbenen« zusammenfaßte. Darüber hinaus vermochte er es, die Toten seiner Gemeinde auf ihrem Jenseitswege zu geleiten. Größtes Aufsehen erregte Oberlins »Geisterehe« mit seiner geliebten verstorbenen Frau, die ihn während neun Jahren oft besuchte, die mit ihm nicht nur die irdischen Angelegenheiten der Gemeinde beriet, sondern ihm auch verläßliche Kunde vom Leben im Jenseits brachte. – Die darauf bezüglichen Dokumente werden in diesem Buch erstmals in diesem Jahrhundert veröffentlicht. (208 Seiten m. ganzs. Abb. und d. Original-Jenseitskarte)

Joachim von Fiore

DAS REICH DES HEILIGEN GEISTES

hrsg. und eingeleitet von Alfons Rosenberg

Seitdem vor fast 800 Jahren der Abt von Calabrien die nahende Heraufkunft eines »Zeitalters des Heiligen Geistes« verkündet hat, geistert heimlich oder offen sein erregender Entwurf durch das Bewußtsein der auf Brüderlichkeit Hoffenden, der Jesusfreunde, aber auch der Revolutionäre. Gewiß war es bisher nicht möglich, seine einzigartige Verkündigung an einem Orte zu konkretisieren. Dies aber bedeutet keineswegs, daß sie sich nicht geschichtsmächtig ausgewirkt habe. Denn während der Jahrhunderte der prophetischen Ankündigung Joachims gingen geistige Kraftströme von seiner Prophetie aus. So ist es bis zum heutigen Tage geblieben. Joachim begleitet die Menschheit auf dem Weg zu ihrem Ziel: Bürger zu werden auf einer zur neuen Stadt Gottes gewordenen Erde. (154 Seiten)

M. Kahir

DAS VERLORENE WORT

Mystik und Magie der Sprache

Je weiter wir zu ursprünglichem Sprachvermächtnis zurückdringen, desto eindringlicher wird uns die »anschauliche« Ausdrucksweise jener Epoche bewußt, wo der Mensch in geistiger Vision die Namen aller Dinge ihrer inneren Wesensart gemäß zu gestalten vermochte. Mit fortschreitender Hinwendung an die äußere Sinnenwelt erlosch in späteren Kulturen mehr und mehr die alte Kraft solcher Wortmagie. Tastend müssen wir uns heute wieder zurückarbeiten zum verlorenen Wort der Ursprache. Die Lautkräfte im Menschen sind nicht erstorben, sie sind nur verschüttet durch die Überentwicklung seines Intellekts, der das Wahrnehmungsvermögen für die transzendenten Werte verkümmern läßt. Alles Suchen nach dem Urgeist der Sprache erweist sich letzten Endes als eine tiefe Sehnsucht, das verlorene Wort wiederzugewinnen: seine Wahrheit, sein inneres Leben und seine Mächtigkeit. (340 Seiten)

Evelyn Underhill

MYSTIK

Die Entwicklung des religiösen Bewußtseins im Menschen
Mit einem Geleitwort v. Friedrich Heiler
Unveränd. Nachdruck der Erstausgabe

Friedrich Heiler: »Ich habe aus keinem Buch so viel über die Mystik gelernt wie aus dem großen Werk von Evelyn Underhill. Sie besitzt eine erstaunliche Kenntnis der mystischen Literatur aller Völker, Religionen und Zeiten wie der gesamten historischen, psychologischen und philosophischen Erforschung der Mystik. Aber, was noch weit wichtiger ist, sie besitzt eine persönliche, erfahrungsmäßige Kenntnis des mystischen Gottesumganges, wie es unter unsern europäischen Zeitgenossen so selten ist.« (681 Seiten)

Wilhelm Otto Roesermueller

GEISTER WARNEN VOR GEISTERN

Lug- und Truggeister in spiritistischen Sitzungen und in christlichen Gemeinschaften – deren irreführende Lehren und Prophetien, Inkarnations-Offenbarungen, Identitätsfälschungen und Inbesitznahme (Umsessen- und Besessenheit) der Teilnehmer. Aus dem Inhalt: Zur Kritik des Offenbarungsspiritismus – Geister warnen vor Geistern – Der Einbruch der niederen Geisterwelt in religiöse Bereiche – Der Streit und die Unwissenheit der Jenseitigen über die Wiederverkörperungslehre – Die Entlarvung der bösen Geisterwelt und der Dienst an den armen Seelen. (48 Seiten)

Wilhelm Otto Roesermueller

UNSERE »TOTEN« LEBEN

Wir helfen ihnen und sie helfen uns

Eigene Erlebnisse und Gespräche mit Jenseitigen. Kritische Betrachtungen zu Tatsachen und zwingenden Beweisen. (63 Seiten)

Wilhelm Otto Roesermueller

HILFE AUS DEM JENSEITS – WAS DAS GEBET VERMAG

Der betende Mensch vermag nach dem Gesetz der göttlichen Fülle aus dieser nie versiegenden Schatzkammer zu schöpfen. Die Beherrschung der Gesetze echten Betens lehren die Beispiele in dieser Schrift. Sie enthält ärztliche Berichte und Zeugnisse über plötzliche Heilungen und Hilfen in materiellen Lebensnöten. (132 Seiten)

Wilhelm Otto Roesermueller

BEGEGNUNGEN MIT JENSEITSFORSCHERN UND GESPRÄCHE MIT GEISTERN

Okkulte Tatsachen und Erfahrungen

Aus dem Inhalt: Dr. med. Otto Buchinger: Okkultes aus der ärztlichen Praxis usw. – Dr. Herbert Fritsche: Auf okkultem Vorposten. – Dr. Hans Gerloff: Experimente mit Geistermaterialisationen. – Pater Wolfgang M. Frhr. v. Gruben: Seelsorger und Anwalt der armen Seelen. – Dr. Walter Lutz: Jenseitsoffenbarungen. – Dr. Fritz Quade: Im Kampf mit der niederen Geisterwelt. – Dr. med. Gustav Riedlin: Die Fastenpraxis, der Weg zur Entwicklung medialer Fähigkeiten, der Pfad zum Magier, Yogi und Heiligen. – Dr. Rud. Schwarz: Vergleichende Jenseitskunde. – Dr. Gerda Walther: Jenseitsforschung und Mystik. – Gespräche mit Geistern. – Die okkulten Erlebnisse als Brücke zur Religion, usw. (75 Seiten)

Wilhelm Otto Roesermueller

GEGEN DEN FREVEL DER FEUERBESTATTUNG

Aus dem Inhalt: Geister warnen vor der Kremation – Naturforscher gegen die Feuerbestattung – Die Geheimnisse der leeren Särge, der unverweslichen Leichname und der Auferstehung des Fleisches – Hinweise auf den Vampirismus. (32 Seiten)